O, flexamina atque omnium regina rerum, oratio

ESTA OBRA HA SIDO LA GANADORA DEL

III CERTAMEN DE INVESTIGACIÓN

ALFONSO X EL SABIO

SOBRE EL PATRIMONIO HISTÓRICO, ARTÍSTICO Y HUMANO DE LA CIUDAD DE TOLEDO,

CONVOCADO POR EDITORIAL LEDORIA

Francisco Javier Fernández Gamero

EL MUNDO ROMANO Y TARDORROMANO EN TOLEDO

Editorial LEDORIA
J   M   R

I.S.B.N.: 978-84-19887-71-9
Depósito Legal: TO-305-2025
© Del Texto: El autor
© De la edición: Editorial LEDORIA-Jesús Muñoz Romero
* Calle de la Fuente del Moro, núm. 6
Toledo
* Calle del Conde de Casal, núm. 47
Las Ventas con Peña Aguilera (Toledo)
Teléfono: 925 25 13 81
Correo electrónico de contacto: info@editorial-ledoria.com
www.editorial-ledoria.com

NOTA PREVIA

El análisis de los periodos romano y tardorromano en la ciudad de Toledo muestra que no han sido los más estudiados en la historia, pero hoy la revisión de la historiografía de los siglos XVI a XX y algunos hallazgos realizados en los últimos años, han permitido una profunda actualización en cuanto al tamaño e importancia de la ciudad, así como el posible número de habitantes que pudo tener.

Espero que este trabajo permita profundizar en el conocimiento de esas etapas históricas y que la abundante bibliografía que se recoge anime a algún estudiante universitario a realizar su Trabajo Fin de Máster y, así, ahondar en el conocimiento de la historia de Toledo.

Si los lectores consideran interesante y esclarecedor este trabajo, el principal objetivo que me planteé se habrá visto suficientemente recompensado.

Deseo que aprendamos a conocer la Historia de Toledo y valoremos el pasado histórico de la ciudad y sus monumentos que han sobrevivido al paso del Tiempo y han llegado hasta nosotros, y que las ruinas del circo romano no sean solo unas pobres piedras abandonadas en el Parque Escolar, ignoradas por muchos toledanos y, no digamos, por los turistas que nos visitan, y que nuestro olvidado anfiteatro de las Covachuelas sea merecedor de un estudio completo que ilumine nuestro pasado romano.

INTRODUCCIÓN

El río Tajo tiene en las proximidades de la ciudad de Toledo uno de los pocos vados naturales en el curso medio del río. Esa circunstancia geográfica propiciará el nacimiento de la urbe y su posterior evolución.

La fosa ocupada por el río Tajo separa las llanuras aluviales terciarias y cuaternarias de arcillas y margas al Norte, de los materiales paleozoicos como granitos o gneis al Sur de la ciudad y en el propio peñón toledano.

Junto a ese vado se desarrollarán diversos episodios de enfrentamientos bélicos entre los pueblos del interior de la Meseta y los cartagineses primero y los romanos después.

Las primeras citas literarias permiten a Toledo entrar en la Historia y se refieren a la situación geográfica de la ciudad dentro de la Carpetania, a orillas del río Tajo y con fuertes conflictos por el control del vado natural.

Ya Aníbal, antes del inicio de la segunda guerra púnica, emprende una campaña militar contra los pueblos de la Submeseta Norte y a su regreso se enfrentará a una coalición de pueblos indígenas a orillas del Tajo. Su victoria le permite

Materiales terciarios al Norte y paleozoicos al Sur. Foto del autor

emprender la marcha a Italia con la retaguardia pacificada. Con el general cartaginés, camino de la península itálica, marcharán tres mil guerreros carpetanos que desertarán al cruzar los Pirineos.

En el 193 a. C., Marco Fulvio Nobilior derrotará a otra coalición de pueblos indígenas capturando al rey Hilerno, asediando el *oppidum* carpetano de Toledo y logrando su conquista. Tito Livio escribirá del núcleo urbano: «*Parva urbs sed loco munito*» (ciudad pequeña, pero de fuerte emplazamiento). Como ciudad vencida pasará a ser estipendiaria, sin derechos, ni magistraturas o Senado. Toletum, poco a poco, irá mejorando su situación.

En el siglo I a. C., Toletum acuñará monedas con el jinete ibérico en el anverso, la marca de ceca TOLE y la inscripción EX S(enatus) C(onsulto), que marca el inicio hacia una mejora del estatuto jurídico, con posibles magistraturas indígenas.

El gran cambio se producirá ya durante el Imperio con la promoción de Toletum a la categoría de municipio romano de pleno derecho. Sobre este momento, algunos autores lo sitúan en el periodo de Augusto, por comparación con otras ciudades de la Meseta, pero otros autores prefieren considerarlo durante la dinastía Flavia, en la segunda mitad del siglo I d. C. Como argumentos en favor de esta hipótesis se tienen en cuenta la concesión del *Ius Latii* (Derecho Latino) a muchas ciudades hispanas por el emperador Vespasiano, así como por la cronología de algunos de los grandes monumentos romanos de ese momento como el circo o, quizás, el acueducto.

La municipalización supone la creación de un Senado municipal con diversas magistraturas y la aparición de los *sevires augustales*, generalmente libertos, que se promocionan socialmente dedicándose al culto de la familia imperial.

La ciudad se dotará de una serie de edificios monumentales que le darán el prestigio necesario. Entre los edificios lúdicos encontraremos el circo, el anfiteatro y el posible teatro, pero también se construye un acueducto que abastece de agua a la ciudad desde la presa de La Alcantarilla (Mazarambroz), situado a unos 38 km de la ciudad y que tendrá que saltar el cauce del Tajo desde el Cerro Cortado. La ciudad así alcanza la *dignitas* necesaria.

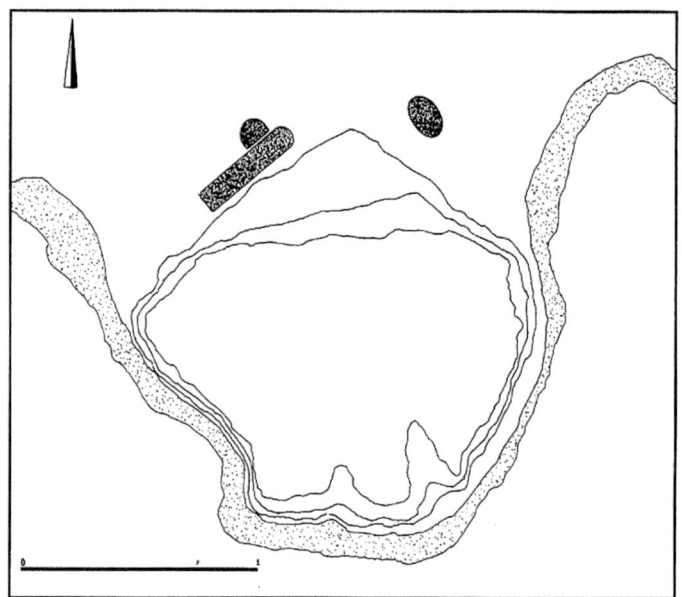

Propuesta de ubicación de edificios lúdicos de época romana en Toledo.
Tomado de Carrobles, 2021.

Nuestro conocimiento del Toletum romano todavía es bastante incompleto y nos plantea numerosas dudas.

El primer problema es afrontar el posible plano urbano, sujeto a discusiones. Para algunos autores el plano de Toletum mantendría la ortogonalidad clásica del urbanismo romano, caso de Rubio, pero otros lo niegan, como Blázquez. La realidad topográfica de la ciudad plantea serios problemas a la ortogonalidad plena, pues sería necesario construir grandes terrazas enlazadas por rampas y así, con algunos ejemplos ortogonales, resolver las grandes vaguadas internas de la ciudad.

Sobre el tamaño, las fuentes antiguas, siguiendo la cita de Tito Livio, defienden que sus límites serían reducidos, limitados a la zona del Alcázar y las calles Alfileritos y Santo Tomé, con una superficie de unas cinco hectáreas. Es la opinión de los autores de los siglos XVI a principios del XX. Hoy se considera que el tamaño de la ciudad sería bastante mayor, llegando a las 60 hectáreas, basándose en el aforo del circo romano, con unos 15.000 a 18.000 espectadores, pero también en la aparición de un torreón de la muralla romana junto a la puerta del Sol o la calzada que se descubrió en las proximidades de la ermita y puerta de Valmardón. La complejidad del abastecimiento del agua con el acueducto también es un elemento a favor de una población importante, pese a no ser capital provincial o de *conventus* jurídico.

Durante la denominada crisis del siglo III, Toletum mantiene su importancia o, incluso, la aumenta, pese a la inestabilidad interna del Imperio con guerras civiles, usurpaciones o invasiones a través del Rhin, el Danubio o el estrecho de Gibraltar.

Ya en el siglo I d. C. la ciudad emprendió un ambicioso programa de embellecimiento. El circo romano, instalado en la Vega Baja, tiene unas dimensiones solo ligeramente inferiores al de Emérita, pero también se erigió un anfiteatro de grandes dimensiones en las Covachuelas, desgraciadamente el gran olvidado del Toledo romano, y un teatro que se sitúa, posiblemente, en las inmediaciones del circo, bajo el actual colegio de Carmelitas, aunque otros autores prefieren situarlo en el interior de la ciudad, en las inmediaciones del Corral de Don Diego.

Fotografías aéreas de finales de los años veinte o treinta del siglo pasado nos permiten conocer las ruinas de otros edificios romanos ya desaparecidos. Uno de ellos conforma dos muros paralelos con un extremo absidiado y grandes dimensiones. Dado que desapareció al construirse los primeros bloques de la Reconquista en los años cuarenta, solo podemos intuir su tamaño y función a partir de esas fotografías aéreas de Toledo y con una revisión de los textos de autores de los siglos XVI o XVII que informan de otros edificios que, quizás, no se han identificado correctamente.

En la parte alta de la ciudad tenemos indicios claros de la construcción de unas grandes termas públicas imperiales en las inmediaciones de la plaza de Amador de los Ríos, con unas dimensiones que superan los 2400 m^2. En sus inmediaciones se encuentran otros edificios hidráulicos que forman un gran complejo. Muy cerca pudo estar situado el foro de la ciudad del que se considera que debía estar situado entre Zocodover y la plaza de San Vicente, con el eje de la calle de la Plata en la que apareció la escultura de un personaje togado fechado en la época julio-claudia, en la primera mitad del siglo I d. C.

A finales del siglo XX e inicios del siglo XXI se descubrió una gran calzada romana, el *cardus máximus*, situado sobre una cloaca de la que se conocía su desembocadura fuera de la ciudad, junto a la puerta de Valmardón. Grandes losas de piedra conforman la cubierta de la cloaca y el enlosado de la calzada.

Todavía hoy la ciudad romana comienza a darnos algunas certezas, pero también plantea numerosos interrogantes.

I
EL CIRCO ROMANO DE TOLEDO

Toletum necesitaba grandes edificios públicos para tener una imagen de poder, la *dignitas* de una auténtica ciudad. Uno de esos edificios fue el circo romano, situado en la llanura aluvial del Tajo, en la Vega Baja, una planicie ligeramente inclinada hacia el Oeste.

El edificio es conocido desde antiguo y a él se refieren todos los escritores de los siglos XVI a XX, pero desde el momento en que perdió su función y fue abandonado se transformó en una cantera fácil para el expolio de sus materiales, que ya se inició en época visigoda con la construcción de la basílica martirial de

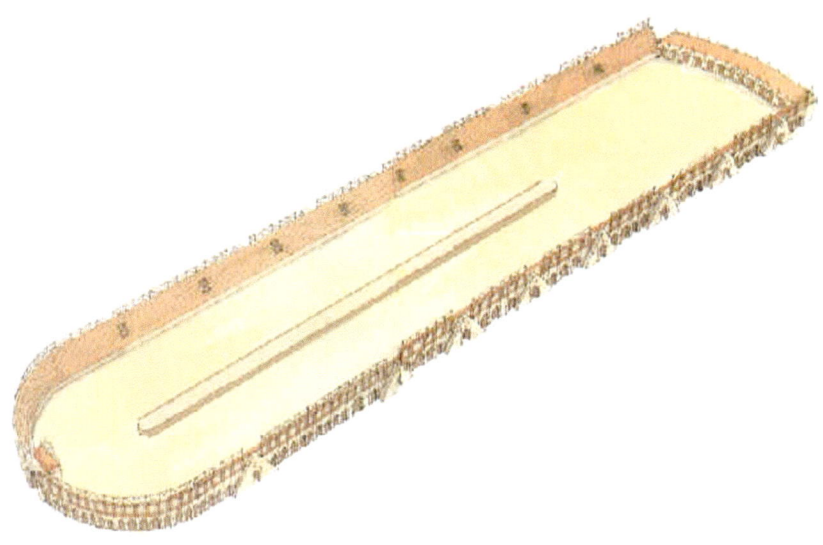

Reconstrucción del circo romano de Toledo.

Santa Leocadia o la reconstrucción de las murallas de la ciudad, obra del rey Wamba a finales del siglo VII.

Hemiciclo del circo. Foto del autor.

La construcción del circo se sitúa en la segunda mitad del siglo I d. C., durante la dinastía Flavia, en paralelo con el proceso de municipalización de la ciudad.

Todos los circos del Imperio se inspiran en el Circo Máximo de Roma. En el caso del edificio toledano su inspiración más directa es el de Emérita Augusta, de unas proporciones ligeramente mayores y algo más antiguo. Las dimensiones del circo toledano son 408 m de longitud y 86,20 de anchura de la arena. En el exterior las dimensiones son 423,10 m de longitud y 100,80 m de anchura. La cronología del edificio toledano sería Flavia, mientras que el emeritense sería Julio-Claudio, de la primera mitad del siglo I d. C.

El circo toledano aún continuaba en uso a finales del siglo IV o principios del V, como prueba la aparición del denominado marfil de Hipólito: el remate de una *sella curulis* de un magistrado.

Más tarde, ya abandonado, sufrirá un continuado expolio de materiales, iniciado por la construcción de la basílica martirial primitiva de santa Leocadia, pues en los restos de la argamasa conservados se reflejan las huellas dejadas por sillares de granito del mismo tamaño que los del circo. Las fuentes literarias hablan del expolio de materiales para reedificar las murallas de la ciudad en la época del rey Wamba, en la segunda mitad del siglo VII.

Aún abandonado y sin uso, seguirá siendo un importante símbolo de poder y a él se acogerá Leovigildo para hacer de Toleto la capital del reino godo, la *Urbs Regia*, y crear un *suburbium* en la Vega Baja a la sombra del circo romano.

Marfil de Hipólito. Museo de Santa Cruz de Toledo. Foto A. Pareja.

La elección de la ciudad como *Urbs Regia* obliga a efectuar un importante programa edilicio en la Vega Baja, como muestran las excavaciones de inicios del siglo XXI o los georradares de 2008 y 2020, que presentan multitud de edificios complejos con numerosas estancias, patios interiores, etc.

Durante la época musulmana será un centro de fabricación cerámica con cinco hornos y un testar, pero también la *maqbara* o cementerio urbano. Incluso en el asedio de Abderrahman III a la ciudad rebelde, el campamento de las tropas cordobesas se desplazará de Zalencas al propio cementerio islámico como forma de provocar a la población toledana.

En el circo romano de Toledo se han efectuado numerosas campañas arqueológicas desde finales del siglo XIX a finales del siglo XX, pero, pese a todo, sigue siendo poco conocido por los

Recreación del circo romano de Toledo. Fuente: Rebeca Rubio y otros 2011

toledanos y sus restos no terminan de ponerse en valor como sería deseable.

Las campañas arqueológicas de los años veinte del siglo pasado se centraron en conocer las dimensiones reales del circo, así como descubrir la zona de la salida o *cárceres*, la *spina* central o el hemiciclo. La orientación del circo será SW-NE para evitar deslumbramientos para los aurigas o conductores de las cuádrigas.

La zona de las *cárceres* o casillas de salida se articulan en seis casillas a cada lado con una portada monumental en el centro, y allí se situaría la *tribuna editoris* desde la que se daría la salida a las carreras.

La arena estaba delimitada por un podio de *opus caementicium* revestido de sillares de granito. El desnivel del terreno obligó en la zona oeste a construir bóvedas del mismo *opus caementicium*. Cada nueve bóvedas se situaba un gran arco que servía como escalera de subida a las gradas inferiores y superiores. Detrás de la Venta de Aires se conserva el arco de una de las grandes escalinatas. En el lado Este, con mayor altura, los muros se apoyan directamente en la arcilla natural, el alcaén toledano.

La *cávea* o gradería presentaba dos zonas: la inferior o *primum maenianum* estaba realizada en *opus caementicium* revestido de sillares de granito, con cuatro filas de gradas; se destinaba a los grupos sociales más elevados de la ciudad; la *cávea* superior o *summum maenianum in ligneis* estaba realizada en madera y se destinaba a los grupos sociales más bajos.

El hemiciclo presenta un desarrollo constructivo mayor y era el lugar donde las cuádrigas daban la vuelta al recinto. Allí se situaba la tribuna de los magistrados; en sus proximidades apareció el marfil de Hipólito.

La *spina* era un muro de poca altura que dividía la arena en dos partes.

La cronología del circo toledano parece corresponder a la dinastía Flavia, que reinó en Roma en la segunda mitad del siglo I d. C. La aparición de cerámicas tipo Meseta Sur o la *terra sigillata* romana confirman la fecha.

En las excavaciones de los años sesenta apareció una inscripción funeraria que correspondería al cementerio altoimperial de la ciudad, junto a la calzada que partiendo de la ciudad se dirigía hacia Emérita Augusta por el Oeste o hacia Caesaraugusta por el Noreste.

En los años ochenta, bajo una de las bóvedas del hemiciclo, se descubrió el remate de una *sella curulis* de un magistrado realizado en marfil que representa la historia de Hipólito, hijo del rey de Atenas, Teseo. Su padre se casa en segundas nupcias con Fedra y esta intenta seducir a Hipólito, su hijastro, pero él rechaza la propuesta presentada por la nodriza de Fedra. Ésta le acusa falsamente ante su padre de intento de seducción y Teseo ordena a los dioses griegos la muerte de su hijo, que ellos ejecutan. Más tarde, una diosa descubre al padre la falsa acusación contra su hijo. La obra corresponde con la época teodosiana, de finales del siglo IV d. C., lo que permitiría conocer que todavía el circo romano de Toledo estaba en funcionamiento.

En el siglo V, ya abandonado, será expoliado de sus materiales nobles, pero aún mantendrá su valor simbólico durante el periodo visigodo en la Alta Edad Media.

En el circo apareció también una fíbula de arco de bronce de finales del siglo I d. C. con una inscripción: F. MAR SEXTUS.

Por otra parte, una inscripción romana aparecida en la ciudad hace referencia a la dedicatoria de unos *ludi circensis* por un *sevir*, cargo municipal generalmente vinculado a libertos, dedicado al culto de la familia imperial, lo que confirma la municipalización de Toletum a inicios del siglo II d. C.

II
LA VILLA ROMANA
DE LA FÁBRICA DE ARMAS

En 1923, al realizarse unas zanjas de cimentación para ampliar los pabellones de la Fábrica de Armas, apareció, a tres metros de profundidad, parte de un mosaico romano. Pronto se avisó a la Real Academia de la Historia, que envió a don José Ramón Mélida para valorar el hallazgo y efectuar los primeros trabajos arqueológicos y su publicación.

Las dimensiones del mosaico aparecido serían de 6,20 m de longitud y 3,40 m de anchura, faltando un lateral que afectaba a uno de los semicírculos. El mosaico se denomina de las *Cuatro estaciones* o de los *Peces* por los temas representados. Una decoración geométrica conforma la orla exterior del mosaico, con esvásticas y octógonos con florones en su interior. En las esquinas, dentro de cuadrados, aparecen figuras femeninas que representan a las cuatro estaciones, cada una con los frutos de su estación: el invierno aparece como una figura femenina velada, con ramas secas; la primavera como un personaje femenino con una guirnalda de flores; el verano con guirnalda de espigas doradas y hoces y el otoño con racimos de uvas y pámpanos sobre la cabeza.

Cada uno de los laterales del mosaico presenta un luneto o semicírculo con diversas escenas. Uno de ellos presenta la perspectiva caballera de un teatro, con sus graderíos y su columnata, pero otros autores prefieren interpretarlo como una vista de una villa marítima. En otro luneto se desarrolla lo que inicialmente se interpretó como un faro, un monstruo marino que ataca a un náufrago y un remo, pero Balil lo interpreta como un trofeo naval, con un pilar, un aplustre rematado en cuello de cisne y un timón de espadilla. El tercer luneto presenta los edificios de una villa rural con una estatua sobre un pedestal y varios personajes. El cuarto está parcialmente perdido. Diferentes temas geométricos y vegetales dan paso a un espacio octogonal, dentro del cual, en un círculo, se desarrolla el emblema del mosaico, con una representación de peces, moluscos y crustáceos realizados con pequeñas teselas de pasta vítrea en colores verde, azul y amarillo.

Mosaico de las Cuatro Estaciones o de los Peces (foto del autor).

Mélida y San Román fechan el mosaico en la dinastía Antonina, a finales del siglo I y, sobre todo, en el siglo II d. C., pero Blázquez, Balil y otros autores prefieren llevar la cronología a finales del siglo III o inicios del IV d. C.

En 1934 San Román publica el segundo mosaico de la villa, con una planta octogonal y unas medidas de 2,10 m. Formaría parte de una fuente o estanque. Se le conoce como el *Mosaico de las escenas portuarias o marítimas* y presenta diversos paisajes costeros y puertos con diferentes barcos de remo y vela (*myoparo, stalata, corbita, plácida, musculus y ponto*), así como pescadores de caña y red, construcciones terrestres como muelles, faros, santuarios, etc. También aparecen representados dos bañistas, que se corresponden con los *urinatores*, o personas que rescataban del agua las mercancías caídas a ella, y grupos de peces. La aparición de un faro de base cuadrangular con dos cuerpos superiores cilíndricos, con fuego en la cima y un puente con arquerías que lo une a tierra, hizo que se identificase como una vista del puerto de Alejandría y su famoso faro.

Blázquez revisó el mosaico en 1982 y 1990, al igual que Balil en 1990, pero todavía otros autores posteriores han modificado la interpretación de las diferentes escenas. Neira Jiménez (1997) analiza algunos edificios que interpreta como torres de vigilancia, faros o edificios de culto, así como un *ostrario*.

Mosaico de las Escenas portuarias o marítimas (foto del autor).

En 2011, Rubio *et alii* vuelven a revisar la villa toledana, publicando un plano con los espacios descubiertos.

En los años veinte del siglo pasado se edificó una construcción que cubría los mosaicos y un espacio para contemplarlos desde arriba, pero la humedad del río Tajo próximo obligó a su extracción y envío al Museo Arqueológico Provincial, donde se conservan en su claustro.

Todavía en 2013 se publicó otra hipótesis que rechaza su identificación con el puerto de Alejandría en Egipto, y López Amador y Pérez Fernández identifican el paisaje marítimo con el puerto altoimperial de Gades, con la representación de la bahía gaditana, el famoso templo de Melkaart-Hércules, visitado por Aníbal y Julio César, asociado a olivos, así como el canal de La Caleta, los puertos de Gades y detalles como torres de vigilancia, faros, almadrabas, etc.

III
EL ANFITEATRO ROMANO, EL TEATRO ROMANO Y OTRAS EDIFICACIONES

A las afueras de la ciudad, junto a las calzadas, se situaban el circo y, muy próximo, el teatro en la Vega Baja y el anfiteatro en la calle Honda, en las proximidades del Hospital de Tavera o de Afuera.

Toletum también contó con un anfiteatro destinado a las luchas de gladiadores o de fieras situado en el barrio de las Covachuelas. Presenta una planta oval con el graderío o cavea alrededor. Obra del siglo I d. C., formaría parte, junto al circo, el teatro y el acueducto, del gran programa edilicio de la ciudad al adquirir el estatus de municipio romano de pleno derecho.

La estructura interna, como en otras obras romanas, estaría formada por *opus caementicum* u hormigón romano, con un revestimiento exterior de sillares de granito.

Pese a ser conocido desde los siglos XVI y XVII, nunca ha sido estudiado en profundidad, salvo una planta publicada por Rey Pastor en 1932. Esta gran obra romana descansa en el olvido y sólo reaparece cuando en alguna obra de construcción de la zona se descubren algunos restos, pero las autoridades culturales nunca han decidido hacer el estudio de uno de los edificios emblemáticos del Toledo romano.

Todos los autores que escriben sobre el Toledo de esta época recogen las citas anteriores a ellos y refieren ubicación y funcionalidad, pero sigue sin un gran estudio en profundidad.

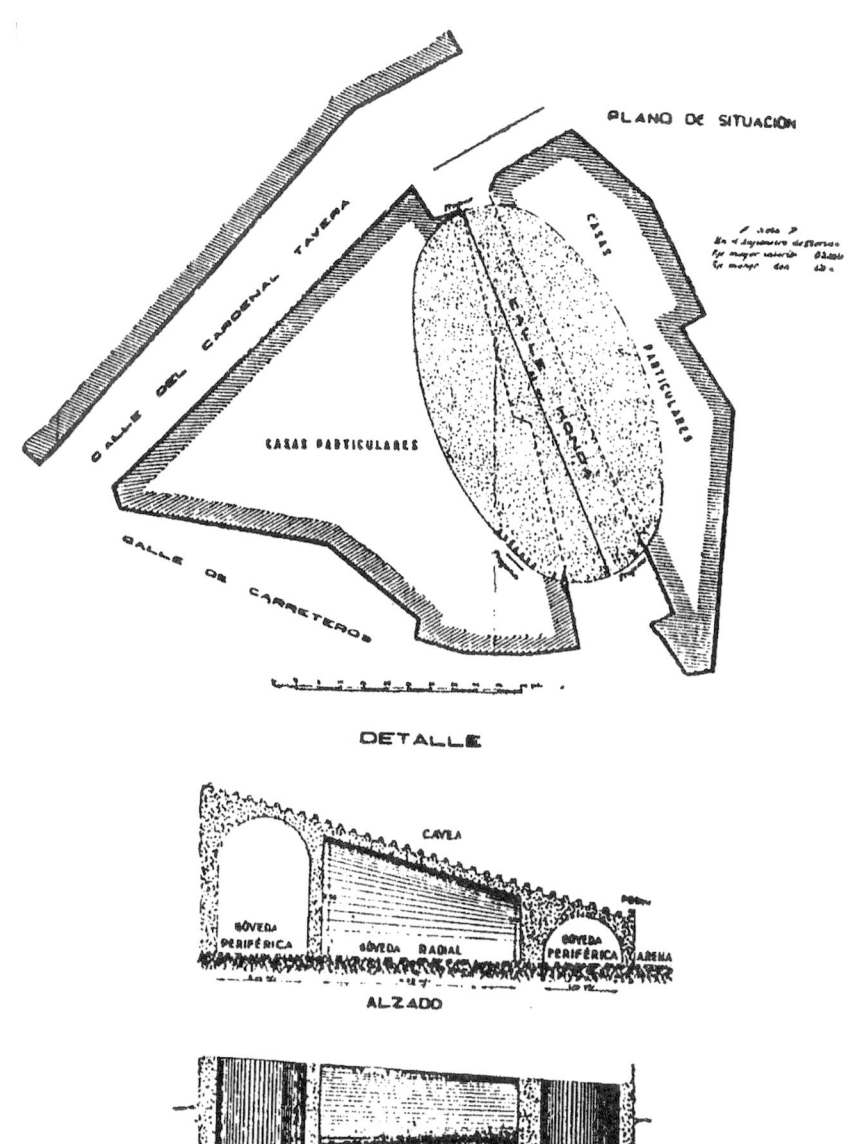

Plano del anfiteatro romano. Rey Pastor, 1932.

El teatro romano

Durante la municipalización de la ciudad en el siglo I d. C. se lleva a cabo un ambicioso programa edilicio que lleva aparejado la construcción a las afueras de la ciudad de los grandes edificios lúdicos necesarios: el circo, el anfiteatro y el teatro. También se construyó en ese momento el acueducto que surtía de agua a la ciudad.

Circo y anfiteatro son conocidos desde los siglos XVI y XVII, con clara identificación del primero y confusiones respecto al segundo sobre si era un anfiteatro o un teatro. La ubicación en las Covachuelas nunca se ha discutido. El teatro sí que ha planteado problemas acerca de su ubicación o su funcionalidad.

A comienzos del siglo XVII (1603), Salazar de Mendoza identifica con claridad el hipódromo o circo máximo en la Vega Baja, así como otro edificio romano en las Covachuelas del que quiere identificarlo como teatro. Junto al circo romano habla de otro gran edificio romano de *opus caementicium*, pero lo identifica como templo y este error pasará a otros muchos autores posteriores.

Pisa, en 1605, identifica el edificio de Covachuelas como un anfiteatro, reconoce el circo máximo y los restos del edificio próximo al circo en Vega Baja los atribuye a un templo. Algo similar ocurre con Pedro de Rojas (1654), que identifica también el circo y habla de otro gran edificio próximo que él considera templo dedicado a Hércules, fundador mítico de la ciudad. Quizás esta identificación no se refiera al edificio junto al circo romano, sino a las ruinas de otro que se localizaba al otro lado de la carretera, de grandes dimensiones y que hoy se encuentra bajo los bloques construidos en los años cuarenta en la avenida de la Reconquista por Regiones Devastadas. Cristóbal Lozano (1729) repite las atribuciones a los edificios romanos.

En 1750 Palomares ya identifica con claridad los restos vecinos al circo como los de un teatro, basándose en la existencia de once frogones o cepas macizas de forma triangular que conforman parte de un óvalo. Rechaza su atribución a templo y defiende su uso como teatro.

Assas (1848) también se refiere a esas huellas como los restos de un teatro, con planta semicircular y un espacio rectangular posterior que correspondería a la *scena*.

Parro vuelve a recoger la atribución de esos restos a un templo, como Pisa, que lo vinculaba a Marte, Venus o Esculapio y Lozano a Hércules. Más tarde, Martín Gamero mantiene su uso como templo y Rodríguez Miguel como naumaquia o edificio para espectáculos navales. Palazuelos plantea dudas sobre si pudo ser un teatro, siendo escéptico. Pérez Galdós rechazará todas esas identificaciones como templo o naumaquia.

Rey Pastor (1926) recoge la identificación de los restos del circo, el anfiteatro o el acueducto, pero rechaza la función de naumaquia de los restos vecinos al circo romano, aceptando su disposición semicircular.

González Simancas y Fuidio confunden los restos de las Covachuelas con los de un teatro.

El cuadro *Vista y Plano de Toledo* de El Greco recoge las construcciones existentes en la Vega Baja toledana, incluyendo los restos del circo.

Ya en planos antiguos de la ciudad se representan los restos romanos de la Vega Baja. Palomares, en 1753, recoge en su dibujo los restos del circo, del monasterio de frailes Mínimos de San Francisco de Paula (Bartolos) y los restos semicirculares del teatro, pero autores posteriores como Coello o Hijón (1858) vuelven a su identificación como templo. Rey Pastor sí habla de teatro, pero sin seguridad.

Una fotografía aérea del Ejército del Aire tomada en 1939 permite identificar los restos del circo romano en el hemiciclo y también una estructura tendente a semicircular a su lado, pero cerca del paseo de la Vega, que permite intuir un gran edificio de paredes paralelas que remata en uno de sus extremos en un gran ábside. Por su tamaño pudiera corresponder a lo que los autores de los siglos XVI a XIX identificaban como templo y no los restos junto al circo.

Carrobles (2001) estudia los restos vecinos al circo romano que desaparecieron en las obras realizadas en los años cincuenta en el colegio de Carmelitas de la avenida de la Reconquista. Identifica las cepas de argamasa de forma triangular con espacios abiertos entre ellas que corresponderían a los vomitorios. El teatro presentaría ocho *cunei* o divisiones del graderío. Las dimensiones del teatro serían de 65 metros, lo que conformaría un teatro similar a los de Segóbriga o Baelo, pero menor a los de Emérita (100 metros) o Caesaraugusta (104).

Ruíz Taboada prefiere situar el teatro en la parte alta, dentro de la ciudad, en los alrededores del Corral de Don Diego, que habría fosilizado su estructura exterior, pero sería necesaria una exploración mayor y una comprobación arqueológica.

IV
EL ACUEDUCTO

Toledo ha tenido varios sistemas para su abastecimiento de agua. En época romana se construyó una presa o embalse en el arroyo Guajaraz, en Mazarambroz, la presa de La Alcantarilla, con un recorrido de unos 38 km hasta la ciudad de Toletum. Ha sido estudiado por numerosos autores, pero todavía hoy nos sigue planteando muchos problemas. Se han analizado el origen, tanto en el espacio como en el tiempo, el recorrido hasta la ciudad, el salto del valle del Tajo y los depósitos acuarios que necesitaba en el interior de Toletum.

El arranque del sistema se encontraba en la presa de La Alcantarilla, en Mazarambroz, que recogía las aguas del arroyo Guajaraz.

La estructura de la presa contaba con un muro de fábrica, con el interior de *opus caementicium*, el hormigón romano, reves-

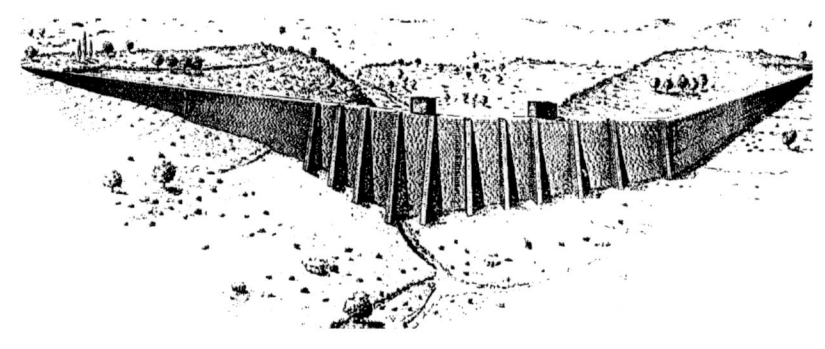

La presa romana de La Alcantrilla (Mazarambroz).
Portal de la Junta de Comunidades.

·33·

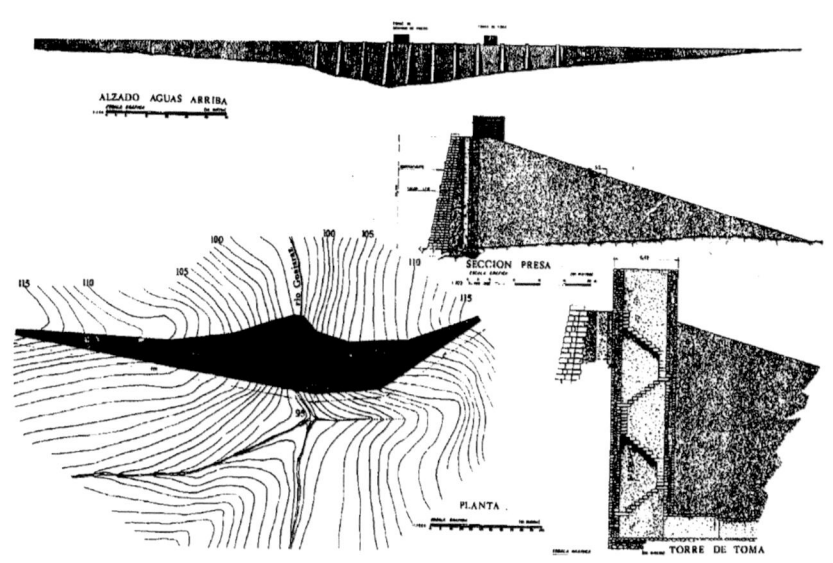

La presa romana de La Alcantrilla (Mazarambroz).
Portal de la Junta de Comunidades.

tido por *opus quadratum* con sillares de granito. Hacia el exterior, unos contrafuertes reforzarían el muro y en el interior del embalse se situaba un gran espaldón de tierra que protegería el frente del embalse. Junto a este se situaban una torre de desagüe y otra de toma de caudal. La estructura principal del vaso adoptaría una forma cóncava completada en los extremos con muros de acompañamiento en ángulo respecto al muro central. La impermeabilización de los muros se realizaba con *opus incertum* y *opus concretum*.

El canal o *specus* era exterior durante gran parte del recorrido, lo que facilitaba el mantenimiento y limpieza. Sobre un fuerte cimiento de *opus caementicum* al interior y *opus incertum* al exterior, con resaltes, laterales, iba la caja del canal, con unos 60 cm de altura y 30 cm de espesor. La solera presentaría una capa inferior de mortero con arena fina, sobre ella otra capa intermedia con mortero rico en cal y una capa superior de *opus incertum*. La cubierta del canal estaba formada por losas más o menos irregulares de granito. También se han localizado cubiertas de ladrillo con forma de bóveda en los terrenos de la Academia Militar.

En las proximidades de Layos el canal pasaría a ser subterráneo, con respiraderos cada cierta distancia. Para el buen funcionamiento de la conducción de agua la pendiente no podía superar los 3°, así el agua circulaba, pero sin una gran fuerza de erosión.

En el tramo final, ya en las proximidades de Toletum, varias torres, entre ellas la denominada Horno del Vidrio, servían para quitar presión al agua y depurar sus impurezas.

Ya en las proximidades de la ciudad el agua circularía por tuberías de plomo que irían dentro de una caja de fábrica.

En el Cerro Cortado se planteó la necesidad de construir un acueducto aéreo para salvar el fuerte desnivel y el cauce del Tajo. Desde el siglo XVIII se conocen cuatro frogones de *opus caementicium* situados a ambos lados del río.

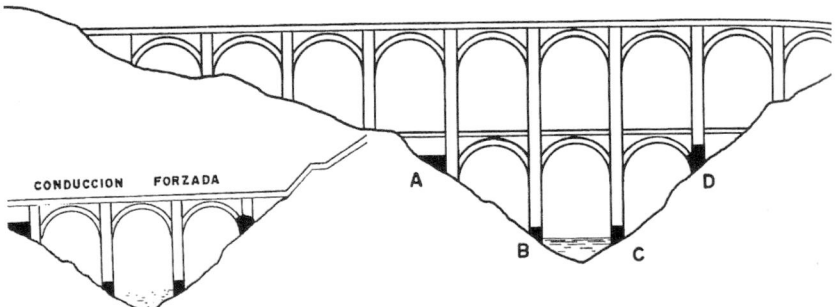

Reconstrucción del puente-acueducto. Tomado de Arenillas *et alii*, 2009.

Amador de los Ríos (1905) imagina un acueducto de un solo piso de arcos, con tres grandes arcadas y una altura casi de 80 m, lo que haría que fuese el acueducto más alto de todo el Imperio, casi duplicando la altura del Pont Du Gard en Francia, pero plantearía serias dudas de estabilidad de la fábrica.

Rey Pastor, en 1928, imagina un acueducto de tres pisos o arcadas y unos 70 m de altura, que sería recogido por Ortiz Dou en los años cuarenta.

En 1972, Fernández Casado realiza dos grandes aportaciones: primero, considera que el acueducto toledano, como otros del Imperio, sería un acueducto-sifón y esto permitiría quitar o poner presión al agua, eliminando la necesidad de llegar a alturas casi imposibles. La altura del acueducto-sifón sería de unos cuarenta metros. Además, asocia las Cuevas de Hércules a un depósito de las aguas, un *castellum aquae*. Este proyecto sería confirmado por Celestino y Gómez (1976).

Norman Smith concibe el acueducto toledano con un solo piso de arcos, con unos 50 m de altura, algo superior al Pont du Gard o al puente de Alcántara en Cáceres.

En los años noventa, Pavón Maldonado concibe el acueducto toledano con tres pisos de arcadas, volviendo a la idea inicial, pero considerando el piso inferior como un puente y sobre él, la conducción de agua.

Todavía el acueducto toledano volverá a ser estudiado por Aranda, Isabel y Carrobles (1997), Arenillas (1999), Carrobles e Isabel (2004), Arenillas y otros (2009) o Barahona (2018).

Pese a todo, siguen pendientes muchos problemas por resolver: uno de ellos completar el recorrido del canal desde el embalse inicial a las proximidades de Toletum, dilucidar si hubo una o dos canalizaciones, o incluso tres, incluyendo parte del recorrido por el curso alto del arroyo de la Rosa, cómo sería el acueducto aéreo o los depósitos principal y secundarios dentro de la ciudad.

En cuanto a la cronología, la mayoría de los autores prefieren considerarlo obra de la dinastía Flavia, aunque algunos lo retrasan al siglo II d. C. El acueducto planteó problemas de estabilidad desde su inicio y hubo de sufrir varias reformas e intentos de consolidación, pero parece que colapsó apenas medio siglo después de su construcción, según algunos autores, pero otros le dan mayor duración en el tiempo. El colapso no se produjo hacia el exterior, sino hacia el interior del embalse, por la presión del barro en el espaldón que protegía el muro central.

Tradicionalmente se consideraban que *torres aquarias* secundarias fueron el piso inferior de la mezquita de Tornerías y las denominadas Cuevas de Hércules, pero ambos hoy están en discusión. Además, bajo terrenos del Alcázar, debía situarse el depósito principal que recibía las aguas, para ser distribuidas por toda la ciudad.

V
LAS TERMAS

El conocimiento del pasado romano dentro de Toledo ofrece muchas dificultades por la continuada renovación urbanística de la ciudad desde el siglo V y por la gran fragmentación de las parcelas, que dificultan una visión de conjunto.

Las termas de Toledo muestran el gran proceso de urbanización emprendido por la ciudad en los siglos I-II d. C.

Se ubicarían entre el cardo y el decumanos, cerca del foro de la ciudad, sobre un espacio situado entre tres colinas naturales de la ciudad, con una extensión de más de 2400 m^2 y un trazado simétrico. Una planta subterránea permitiría el almacenamiento de madera, la movilidad para los trabajadores y los hornos para calentar determinadas salas de las termas. En el piso superior se instalarían las salas del complejo termal.

La entrada al complejo estaría situada al Oeste, en la zona de contacto con el foro. Las salas aparecerían duplicadas, a ambos lados del pasillo de conexión. La Sala I sería el *tepidarium* de entrada o *unctorium*, con una planta cuadrada de más de 36 m^2

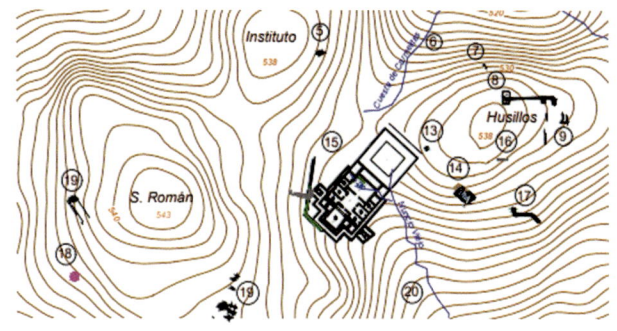

Plano de las termas. Fuente: Monografías del Consorcio, 7.

y con *hypocaustum*, allí se utilizarían ungüentos; la Sala II sería el *tepidarium* o *destrictarium*, con 60 m², igualmente con *hypocaustum*, con el espacio destinado a los masajes; y la Sala III sería el *laconicum* o *sudatio*, con 116 m², que actuaría de sauna.

Los muros estarían realizados en *opus caementicium*, reforzados por *opus quadratum* de sillares de granito. La decoración de las paredes se realizaría con molduras y zócalos de mármol o estucos. En una de las salas apareció una escultura representando a un *Sátiro danzante*, realizado en mármol de Paros. La cubrición de las salas se realizaría mediante bóvedas de cañón y al exterior con un tejado a dos aguas con *tegulae*.

Los primeros hallazgos se produjeron en el siglo XVIII durante las obras de construcción de la Casa Profesa de los jesuitas, con el hallazgo de bóvedas subterráneas y el pie de una escultura realizado en mármol. Dicha pieza aparece recogida en el *Catálogo razonado* de 1865. En 1900 se localizaron otras bóvedas subterráneas en las proximidades y en 1905 Amador de los Ríos estudia los sótanos de Hacienda y los pone en relación con los anteriores descubiertos poco antes. En 1986 se descubren las termas situadas en la plaza de Amador de los Ríos; en 1992 se revisan los sótanos de Hacienda, en los que se trabaja entre 2004 y 2009, y en 2008 se estudian los restos de la cripta del oratorio de San Felipe Neri, donde se ubicaría el *frigidarium* de las termas.

La construcción de las termas altoimperiales (de mediados del siglo I a mediados del siglo II d. C.) se fecha por la aparición de fragmentos de *terra sigillata hispánica* y cerámicas tipo Meseta Sur. A finales del siglo IV o inicios del siglo V tiene lugar el fin de la actividad termal, iniciándose la fase de expolio de los materiales nobles y la amortización del edificio.

El estudio de las termas ha permitido conocer parte de su recubrimiento interior, con un capitel corintio incompleto, una cabeza zoomorfa en caliza y diferentes tipos de mármoles, como el gris con vetas blancas, de posible origen portugués, otro de color pardo, posiblemente de una cantera local próxima.

En ocasiones aparecen restos de un suelo de *opus sectile* bícromo formado por placas de mármol blanco combinadas con otras de pizarra gris, formando una red de damero. Las paredes estarían decoradas con placas de mármol, formando cornisas y rodapiés, pero también con algunos elementos geométricos en bajorrelieve. Otras piezas decorativas muestran una decoración similar al cimacio jónico con contarios, astrágalos, cuentas, ovas, etc.

La pieza escultórica más destacable es el *Sátiro danzante*, hallado en 2007 en la Sala III. Presenta una altura de 107 cm, una anchura en las caderas de 32 cm y un grosor promedio de 24 cms. Está realizado en mármol griego procedente de las Cícladas, en concreto de la isla de Paros. Le faltan la cabeza, los brazos desde su arranque y las piernas desde las rodillas. Representa una figura juvenil desnuda con el tórax ligeramente girado, con unas formas blandas y una gran esbeltez, con el cuerpo en

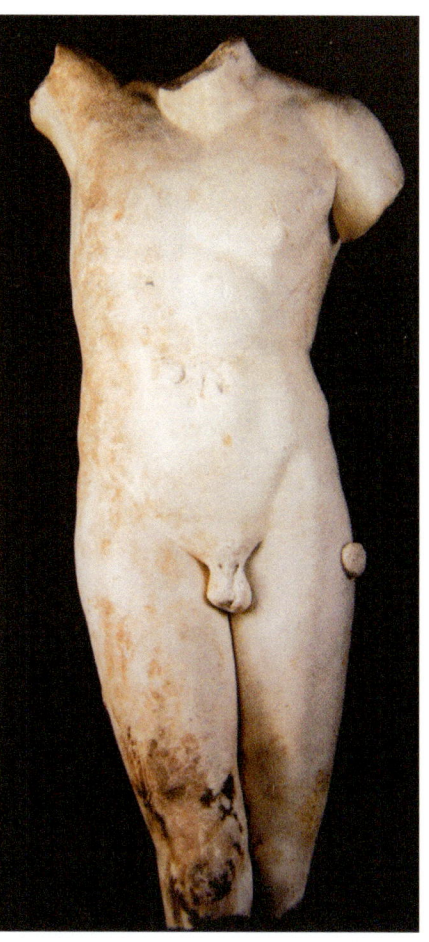

Sátiro danzante. Foto del autor.

movimiento. Parece una copia romana de un original griego relacionado con Praxíteles o Lisipo. Se fecha en el siglo II d. C., obra quizás de un taller romano del periodo de Adriano.

El complejo termal toledano muestra la riqueza de la ciudad y su proyecto de embellecimiento, posiblemente vinculado a la municipalización de la ciudad, con edificios lúdicos en la Vega Baja, un gran acueducto y las termas, así como los indicios del espacio del foro.

VI
LA NECRÓPOLIS ROMANA

La necrópolis romana de Toledo, como en el resto de las ciudades romanas del Imperio, se situaba a las afueras de la ciudad, extramuros del espacio amurallado, junto a la calzada que, partiendo de Toletum, se dirigía hacia el Oeste por Caesarobriga (Talavera de la Reina) y Emérita Augusta (Mérida), y también hacia el Noreste, en dirección hacia Complutum (Alcalá de Henares) y Caesaraugusta (Zaragoza).

El cementerio romano altoimperial se situaría a los lados de la actual avenida de la Reconquista y la propia evolución urbanística de la ciudad en la segunda mitad del siglo XX ha borrado gran parte de sus restos.

A mediados de los años sesenta, en las obras de construcción del edificio de Telefónica en la avenida de la Reconquista, se descubrieron tres tumbas romanas de inhumación; una de ellas presentaba un sarcófago de plomo, con las paredes de la tumba reforzadas con grandes *tégulae* colocadas de lado apoyándose en las alas y una cubrición a dos aguas formada por ladrillos *bipedalis*, con una capa de *opus signinum* sobre ellas. En el interior se descubrieron unos restos humanos muy alterados y deteriorados, pero también el instrumental de un médico romano formado por una plaqueta de ungüentos de pizarra partida en dos, con los bordes biselados, así como un bisturí, una cucharilla y el mango de otro utensilio de bronce que, tras la restauración, mostraron una rica decoración con hilos de plata y detalles en oro. Además, aparecieron los frenos de un caballo realizados en bronce y en hierro con dos camas laterales con decoración de peltas caladas y otros elementos bitronco-cónicos. Ese freno de caballo parece tener un origen danubiano y estuvo generalizado entre los siglos

19. Conjunto con instrumental quirúrgico de la tumba hallada en la Avda. de Reconquista (Museo de Santa Cruz; Fotos A. Pareja).

Ajuar de la tumba del médico.
Museo de San Cruz.

IV y VI. También se localizaron cuarenta y dos tachuelas tronco-cónicas que debieron formar parte del calzado y un as de bronce de Marco Aurelio (162-180 d. C.) que fecharía la tumba en la segunda mitad del siglo II d. C. El estudio del instrumental médico parece aclarar que corresponde a un médico generalista o, incluso, militar.

También en los años sesenta, unas excavaciones en el circo romano permitieron descubrir una inscripción funeraria romana de granito, con unas medidas de 64 cm de altura, 31 cm de anchura y 13 cm de grosor. El campo epigráfico está compuesto por seis líneas que, en lectura de Abascal y Alföldy, dice lo siguiente: MAR/TIA Q(uinti) P(ompei)/ P (---) SER(va)/ AN(norum) XL/ H(ic) S(ita) EST/ S(it) T(ibi) T(erra) L(evis). Para los autores citados, el tipo de monumento y la fórmula sepulcral nos llevaría a una cronología de finales del siglo I d. C.

Los años ochenta proporcionaron el hallazgo de varios epígrafes funerarios romanos altoimperiales reutilizados en las tumbas 44 y 48 del paseo de la Basílica, junto al cementerio de la Misericordia. Una de ellas presenta una cabecera semicircular con dos acróteras laterales y una roseta de seis pétalos. La pieza está realizada en granito, con unas medidas de 162 cm de altura, entre 40 y 45 cm de anchura y un grosor de entre 30 y 33 cm. El campo epigráfico presenta cuatro líneas y está remarcado por una moldura. El texto, según los autores anteriormente citados, recogería: LAURU/S SERA/NI (scil. filius vel servus) AN(norum)/ XX H(ic) S(itus)/ E(st) S(it) T(ibi) T(erra) L(evis). Formaba parte de la tumba nº 44 y se fecharía a finales del siglo I d. C.

Otra inscripción aparecida en la Vega Baja, en lugar indeterminado, es un altar de arenisca que presenta unas medidas de 29 cm de altura, 30 cm de anchura y 18 cm de grosor. El campo epigráfico presenta seis líneas de texto con letras irregulares. En lectura de Abascal y Alföldy, recoge: [D(is)] M(anibus) S(acrum)/ ZOTICUS M[a]/ RTIAE UXOR(I) PIE[n]/ TISSIMAE AN(norum) [---]/ FAC(iendum) CURAVIT/ H(ic) S(ita) EST S(it) T(ibi) T(erra) L(evis). Su cronología sería de finales del siglo II d. C. y el nombre Zoticus parece ser de origen griego.

Un fragmento de inscripción realizado en caliza, reutilizado en la tumba nº 48 del paseo de la Basílica, junto al Cementerio de la Misericordia, parece formar parte de un monumento funerario que constaría de, al menos, seis piezas. La única conservada presenta letras capitales de buena factura y en lectura de Abascal y Alföldy diría lo siguiente: [---] O VER[---]/ [---] A PRISCA UXOR[---]/ [---]. Su cronología correspondería con la segunda mitad del siglo I d. C.

Inscripción funeraria en granito. Ha perdido la parte inferior; presenta una cabecera se-

Inscripción funeraria de Laurus.
Foto del autor.

Inscripción funeraria de Zoticus. Museo de Santa Cruz.

micircular con acróteras y un busto esquemático del difunto. Sus medidas son 55 cm de altura, 43 cm de anchura y 24 cm de grosor. Su texto recoge: APICULA / VALERI / [---. Su cronología correspondería a los siglos I a III d. C. Apareció reutilizada en la Tumba nº 44 del paseo de la Basílica.

Inscripción funeraria de granito, con roturas en la parte superior e inferior, presenta un círculo. Sus medidas son 76 cm de altura, 43 cm de anchura y 29 cm de grosor. También reutilizada en la Tumba nº 44 del paseo de la Basílica. Su texto recoge: VALERI/AN (---) / HIC EST. Su cronología correspondería al siglo I d. C.

Inscripción funeraria en caliza, rota por la izquierda y por la parte inferior. Sus medidas son 17,5 cm de altura, 12 cm de anchura y 35 cm de grosor. La parte superior está decorada con motivos vegetales y la inferior con retículas. Apareció en un solar del paseo de la Basílica, dos en 1991. Su texto recoge: [---] S AM/ [---. La decoración la vincularía a talleres segobrigenses. Fechada en el siglo II d. C.

Estela realizada en caliza a la que le falta la parte superior. Sus medidas son 32,5 cm de altura, 22,5 cm de anchura y 15 cm de grosor. El campo epigráfico está enmarcado y el texto conservado recoge dos líneas: ---] / TA HIC S(ita) / EST S(it) T(ibi) T(erra) L(evis). Correspondería a la segunda mitad del siglo I d. C. Apareció en las excavaciones de la parcela R-3.

Estela de granito rematada en un frontón semicircular con acróteras laterales. Sus medidas son 70 cm de altura, 37,5 cm de anchura y 31 cm de grosor. Apareció reutilizada en la tumba nª 44 del paseo de la Basílica. La inscripción presenta tres líneas: ACA (...) QUIC (...)/ SERVA. Su cronología sería del siglo I d. C.

Placa de caliza de color crema, con pérdida de zona izquierda. Sus medidas son 13 cm de altura, 13,5 cm de anchura y 8 cm de grosor. Apareció en el circo romano en 2010. Su texto recoge: ---]/ DUM [---] AN (norum) [---]/ V [---]/ H(ic) S(it) [e(st)].

Procedentes del cementerio romano se conservan distintas piezas reutilizadas en diferentes lugares de la ciudad.

Bloque de caliza con inscripción funeraria. Presenta pérdida de material en todos sus lados. Sus dimensiones son 44 cm de altura, 44 cm de anchura y 35 cm de grosor. Está partida en dos fragmentos. Se encuentra en el torreón izquierdo del puente de Alcántara que mira a Toledo. Su texto recoge: ---]/ [---] O ADDA [---f(ilius)]/ [---] RECTUGE(nus)/ pérdida/ [--- RECT]/UGE[N]US AD [--- f(ilius)]. Se quiso ver en este texto un elemento a favor de la municipalización toledana con la lectura *ad(lecto) de(curionis)*, pero Stylow lo descarta.

Lápida de granito con rotura en la parte izquierda. Sus medidas son: 78 cm de altura, por 42 cm de anchura y 28 cm de grosor. Se conserva en el arco de herradura califal en el puente de Alcántara, bajo el castillo de San Servando. Su texto recoge: CAECILIA/ [Ma]RCELLA/ [H(ic)] S(ita) E(st). Su cronología sería de la primera mitad del siglo I d. C.

Placa o bloque de caliza con rotura en la parte derecha. Sus medidas son 30 cm de altura, 49,5 cm de anchura y 27,5 cm de grosor. Utiliza letras capitales de buena factura y su texto recoge: ---] AUG(---) AU [---]/ L(ucius) CAECILI (...)/ VALERIA [---. Su cronología sería de finales del siglo II o principios del siglo III d. C.

Altar de caliza roto por la parte superior y las zonas izquierda y derecha. Sus medidas son 30 cm de altura, 18 cm de anchura y 15 cm de grosor. Apareció en unas obras en la calle de las Bulas, 21. Su texto recoge: ---]/ [---] ROM [---]/ CORN[(nelia)]/ [---] MATER [---]/ [---. Su cronología sería el siglo II d. C.

Placa de caliza rota por todos los lados. Sus medidas son 18 cm de altura, 32 cm de anchura y 12 cm de grosor. Presenta letras capitales y se halló en las obras de Zocodover en 1941, en los restos de la muralla islámica. Su texto recoge: D(is) M(anibus) S(acrum)/ L(ucius) COR(nelius) HADRIANUS D(e)F(unctus)/ AN(norum) IIII L(ucius) COR(nelius) PLEMIANU[s]/ (vacat) P(ater) VICTORIA MATE(r)/ F(aciendum) C(uraverunt). Cronología: finales del siglo II d. C.

Altar de piedra caliza. Sus medidas son 59 cm de altura, 35 cm de anchura y 33 cm de grosor. Apareció en las excavaciones de la iglesia de El Salvador en 2002, empotrada en un muro. Su texto recoge: D(is) M(anibus) S(acrum)/ POMPONIUS/ IANUARIUS / ABIULTEC(--)/ VIX(it) ANN(is) XX[---]/ OCT(avius) QUINTI/US FRATE(r)/ POSSUIT. Su cronología sería de la primera mitad del siglo II d. C.

Altar de caliza blanca aparecida en una obra en Toledo. Conserva corona y zócalo en los cuatro lados. Sus medidas son 32 cm de altura, 23 cm de anchura y 25,5 cm de grosor. Su texto recoge: [L]UCCEIUS/ SALVIANU[s]/ [---] ERI/ [---]. Su cronología sería del siglo II d. C.

Epígrafe desaparecido en cierta casa de Toledo. L(ucius) SEMPRONIO/ FUSCO/ LAETUS LIB (ertus)/ H(eres) EX T(estamento). Cronología de finales del siglo I o principios del siglo II d. C.

Inscripción honorífica a un emperador. Bloque de piedra caliza, posible pedestal de estatua. Sus medidas son 100 cm de altura, 50 cm de anchura. Descubierto en 1564 en el zaguán de una casa de la parroquia de San Vicente. Fue trasladada al Alcázar por orden de Felipe II. El edificio fue incendiado en la Guerra de Sucesión Española y Ponz afirma que sólo quedó la parte izquierda. Un dibujo de Palomares nos restituye la inscripción completa: IMP(eratori) CAES(ari)/ M(arco) IULIO PHILIPPO/ PIO FELI(ci) AUG(usto)/ PONT(ifici) Max(imo) TRIB(inicia)/ POT(estate) P(atri) P(atriae) CONSUL(i) TOLETANI DEVOTIS/ SIMI NUMINI/ MAIESTATI/ QUE EIUS/ D(ecreto) D(ecurionum). La dedicatoria imperial sería al emperador Filipo el Árabe (245-256) y es la primera aparición expresa de los Toletani. Se encuentra perdida tras la guerra civil española. La zona de aparición confirmaría la ubicación del foro de Toletum en las proximidades de la iglesia de san Vicente y la calle de la Plata.

Estela de caliza con cabecera redondeada y flor de ocho pétalos con botón central. Aparecida en la calle Nueva, fue destruida en la obra. Su texto recoge: LEVIN[---]/ PRISC[i---]/ LIB (ert....)/ [---. Su cronología sería del siglo I d. C.

Epígrafe descubierto en Zocodover hacia el siglo XVI y más tarde desaparecido. Su texto recogería: POMPEI PEREGRINI PEREGRE DEF(uncti) ANN(orum) XXX/ COLL(egae) F(acerunt) CORNELIA CIN F(ilia). Su cronología sería de los siglos I o II d. C.

En un caso, el campo epigráfico está preparado pero carece de texto, aunque pudo estar pintado.

Todavía podríamos añadir un nuevo epígrafe conservado en un muro exterior de la iglesia de Santas Justa y Rufina, cerca de la portada. Caliza blanca, con pérdida de material en la parte superior e izquierda. Presenta cuatro líneas de texto: ---] / [---] RTIE/ [---]MSEN I/[---] EC SUL/ [---] SIPI F C. La lectura es insegura.

El cementerio bajoimperial se traslada a los alrededores de la basílica martirial de Santa Leocadia de Toledo, muerta a inicios del siglo IV, durante la persecución de Daciano y Diocleciano.

La cristianización de parte de la población toledana aparece plasmada en dos fragmentos de sarcófagos paleocristianos: el primero de ellos reutilizado en la puerta del Sol, realizado en mármol blanco y que representa la escena de la negación de

Pedro a Jesús, y a los pies del apóstol aparece la figura del gallo. Correspondería al estilo postconstantiniano, desde el 330 a mediados del siglo IV. La pieza, como la siguiente, fue estudiada por Sotomayor.

La segunda pieza está muy incompleta y corresponde a una figura togada que ha perdido la cabeza, parte de los brazos y las piernas desde las rodillas. Su hallazgo se debe a las campañas de recogida de piezas realizada por la Escuela de Niñas situada en terrenos de Vega Baja. Se halló en los años sesenta y para Sotomayor parece representar una figura de Cristo en actitud de bendecir, con los pliegues de la túnica muy angulosos. La parte posterior aparece alisada como correspondería a un sarcófago y está realizado en mármol blanco.

Los alrededores de Toledo han proporcionado numerosos sarcófagos paleocristianos, ya sea completos o fragmentados. Destacaríamos los dos de Layos con escenas del Evangelio, uno conservado en la Real Academia de la Historia y otro en el Museo Marés de Barcelona; también el fragmento estrigilado de Erustes, el que representa a Cristo con los Apóstoles, con las cabezas destruidas en época islámica, procedente del mausoleo de Las Vegas de Pueblanueva, ambos en el Museo Arqueológico Nacional o la tapa de sarcófago procedente de Carranque con la historia del profeta Jonás y otros fragmentos procedentes del mismo yacimiento.

VII
DE *TOLETUM* A *TOLETO. URBS REGIA*

El Bajo Imperio provocó una profunda crisis en algunas zonas, así como el declive de algunas ciudades, pero ese no fue el caso de Toletum, que fue consolidando su posición en el interior de la Meseta, quizás por la riqueza agrícola y ganadera y por su posición defensiva, sobre un elevado peñón rodeado por el Tajo o por la posición de la ciudad en las calzadas que unían Emerita Augusta (Mérida) con Caesaraugusta (Zaragoza), o la que procedente de Carthago Nova (Cartagena), a través de Laminium, se dirigía a Toletum y de ella al noroeste peninsular, hacia Asturica Augusta (Astorga).

La ciudad también conoció una rápida cristianización, pero dejemos a un lado el carácter legendario del obispo Eugenio I, evangelizador de la ciudad en el siglo I d. C., que murió martirizado en la Galia, dado que este episodio pertenece más a la fantasía que a la historia.

Los falsos cronicones de finales del siglo XVI e inicios del XVII hacen referencia a las predicaciones legendarias de los apóstoles Pedro y Pablo, fundadores de la sede episcopal toledana, pero corresponden a falsificaciones del momento.

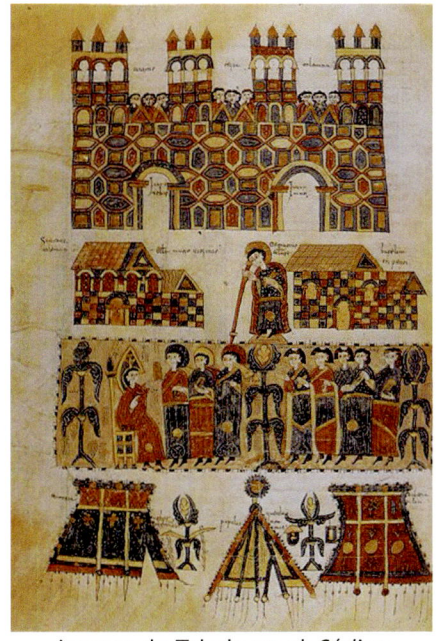

Imagen de Toledo en el *Códice Vigilanus* de El Escorial.

Obispo Melantius. Sala Capitular de la Catedral de Toledo. Foto del autor.

Sí es cierto que la comunidad cristiana toledana ya debía de estar asentada a finales del siglo III y a comienzos del siglo IV, pues el *episcopus toletanus* Melancio asiste al Concilio de Iliberris o Elvira, en Granada (hacia el 302-306). Hacia el 380, un obispo toledano asiste a un sínodo en Zaragoza y en el 400 Toletum celebra su I Concilio para renovar la condena de Prisciliano como hereje, al igual que su doctrina y sus seguidores.

Poco a poco, la diócesis toledana irá adquiriendo la primacía de la denominada Celtiberia primero, de la Carpetania también y de la Carthaginensis después, hasta convertirse en la sede primada de las Hispanias. Así, el arzobispo Montano ya firma un concilio como metropolitano de Celtiberia y Carpetania.

El camino que conducirá de Toletum, la ciudad romana, hasta Toleto, la ciudad visigoda y capital del reino será lento. El primer paso lo dará el rey visigodo Teudis, que promulga desde Toledo la Ley de Costas Procesales, incorporada al *Codex Theodosianus*. Más tarde, bajo el reinado de Atanagildo, de Toledo parten princesas godas para matrimoniar con príncipes francos en la Galia y, finalmente, con Leovigildo se establece en Toleto el Aula Regia, la Corte, consolidando así la capitalidad y emprendiendo un ambicioso programa edilicio en el suburbio de la Vega Baja.

Palol fue el primero que afrontó el estudio de la ciudad visigoda en la parte alta, sobre el peñón. Considera que la ciudad tuvo tres edificios emblemáticos, alguno de ellos aún no localizado con exactitud:

La **iglesia de santa María**, asociada al episcopio, a la residencia del obispo que dirige la comunidad cristiana urbana y, cerca de ella, una iglesia bautismal dedicada a San Juan Bautista. Parte de la comparación de Toleto con otras ciudades de la época. Una prospección geomagnética realizada en los años setenta y publicada en 1980 muestra la existencia de una mezquita islámica de once naves bajo el suelo de la catedral actual, así como una iglesia de planta de cruz griega que pudo formar parte el episcopio. Una inscripción descubierta a finales del siglo XVI en San Juan de la Penitencia y trasladada a la catedral informa de la consagración *in catholico* de la iglesia de Santa María en el 587.

Iglesia martirial de Santa Leocadia, joven cristiana muerta en la cárcel de la ciudad durante la persecución de Daciano y Diocleciano a principios del siglo IV d. C. Su ubicación sería suburbial y fue sede conciliar durante la primera mitad del siglo VII, además de panteón de reyes godos y obispos toledanos. El propio Palol dirigió una excavación en los años setenta junto a la basílica del Cristo de la Vega y localizó la cimentación de un edificio de potentes muros de 2 m de espesor con contrafuertes exteriores, pero creyó que pertenecían a edificaciones anexas del circo romano próximo. Durante los siglos XIX y XX han aparecido numerosos restos arquitectónicos y escultóricos visigodos en las inmediaciones de la basílica del Cristo de la Vega, conservados en el Museo de los Concilios de Toledo o en el Museo Arqueológico Nacional.

La **basílica pretoriense de los Santos Apóstoles Pedro y Pablo**; imita el modelo de la propia Constantinopla. Se situaría en el pretorio y fue sede conciliar en la segunda mitad del siglo VII. Algunos autores la sitúan en la parte alta de la ciudad, pero otros se inclinan por su ubicación en el suburbio, que conoció una gran actividad edilicia en la segunda mitad del siglo VI y la primera del VII, en paralelo con la consolidación de la capitalidad toledana. En los alrededores de la Fábrica de Armas han aparecido cimentaciones de muros y mármoles en los siglos XVI y XVIII, y en los siglos XIX y XX. La arqueología puede desvelar el pasado del pretorio en el suburbio toledano, como parecen mostrar los resultados de los georradares de 2008 y 2020, mientras que en la parte alta de la ciudad el pasado visigodo queda reducido a elementos arquitectónicos reutilizados en edificios posteriores, aunque a veces se dan concentraciones de piezas en determinados lugares de la ciudad.

La tradición medieval consideraba que la existencia de diversas iglesias mozárabes sería la herencia de las iglesias existentes en época visigoda, pero la arqueología no solo no lo ha probado, sino que en numerosos casos lo ha desmentido. Las iglesias de San Salvador, Santas Justa y Rufina o San Sebastián han proporcionado inscripciones islámicas que hablan de la ampliación de la mezquita existente en una nave más y en el caso de Santa Eulalia, las excavaciones recientes no han encontrado restos de la pretendida iglesia visigoda y sí de una casa islámica. Para Ruiz Taboada, el piso inferior de la mezquita de Tornerías no sería un *castellum aquae* romano, un depósito de aguas, sino una posible iglesia visigoda de planta basilical, tres naves y un ábside semicircular en la nave central.

Las fuentes también refieren la existencia de diversos monasterios dentro de Toleto o en sus alrededores, como el Agaliense (también conocido como San Cosme y San Damián), que podría haber estado ubicado en la Peraleda, cerca del suburbio toledano, pero al otro lado del río. De él fue abad San Ildefonso antes de ser elegido arzobispo de Toledo, o los de San Miguel, Santa Cruz, etc.

La parte alta de la ciudad solo proporciona concentraciones de elementos arquitectónicos en algunas zonas concretas como el Salvador, con una pilastra decorada con escenas del Evangelio, las iglesias de San Andrés, Santo Tomé, San Bartolomé o la plaza de la Cruz.

VIII
LA BASÍLICA MARTIRIAL
DE SANTA LEOCADIA DE TOLEDO

Leocadia fue una joven cristiana toledana que sufrió persecución bajo Daciano, durante el Imperio de Diocleciano, a principios del siglo IV d. C., llegando a morir en la cárcel, que la tradición sitúa cerca del Alcázar.

La comunidad cristiana local enterraría el cadáver de la joven en una zona apartada del cementerio romano, en las proximidades del río Tajo, lejos del cementerio altoimperial.

La basílica primitiva fue excavada por Palol durante los años setenta del siglo pasado, pero la potente cimentación de muros con contrafuertes los atribuyó a dependencias auxiliares del vecino circo romano. La cimentación utilizaba abundante cal y esto hacía pensar que podía ser un edificio de época romana. Los muros presentaban dos metros de espesor, con contrafuertes exteriores cada 3,5 m. En la argamasa aún quedaban las improntas de silla-

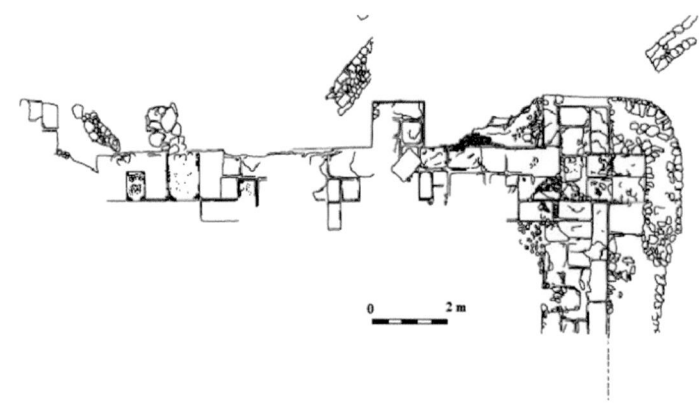

Plano del edificio excavado por Palol.
Tomado de Gurt Esparraguera y Diarte Blasco 2012

res de granito que coincidían en medidas con los del circo romano próximo ya abandonado y en fase de expolio. La estructura fue reestudiada por Gurt Esparraguera y Diarte Blasco, que identificaron en la cimentación la posible basílica martirial de la santa toledana a la que se referían las fuentes escritas. Como precedente de este edificio se partía del *martyrium* de La Alberca (Murcia), además de otros situados a orillas del Adriático.

El edificio pudo constar de dos plantas: una inferior abovedada, con un uso funerario para la tumba de la mártir, y un piso superior destinado al culto. Ese modelo pasaría después a Los Hitos (Orgaz), Pla de Nadal (Valencia), la cripta de San Antolín de la catedral de Palencia o, incluso, la propia Cámara Santa de Oviedo. Así, un modelo arquitectónico de procedencia tardorromana se proyectaba a otras edificaciones de la Alta Edad Media.

Las fuentes literarias visigodas y posteriores narran que el rey visigodo Sisebuto, a instancias del arzobispo de Toledo San Eladio, decide construir una basílica martirial más grande y lujosa, inaugurada en el año 618, a la que pudieron pertenecer los fragmentos del Credo epigráfico de Toledo y la gran placa-nicho incompleta descubiertos por Manuel Jorge Aragoneses, director del Museo Arqueológico Provincial, a mediados de los años cincuenta, en las proximidades de la basílica del Cristo de la Vega.

La basílica martirial de santa Leocadia, erigida por el rey Sisebuto, fue sede conciliar de los concilios toledanos celebrados en la primera mitad del siglo VII, entre ellos el IV (633), V (636), VI (638) y XVII (694). En ella, según la tradición, ocurrió un milagro durante el reinado de Recesvinto. En una ceremonia religiosa a la que asistían el rey y el arzobispo San Ildefonso tuvo lugar la aparición milagrosa de la santa toledana para agradecer al arzobispo la defensa de la virginidad de María. El hecho está recogido en una pintura de Pedro de Orrente conservada en la Sacristía de la catedral primada.

La citada basílica también fue utilizada como panteón real de Suintila, Sisenando, Wamba y Witiza, así como de enterramiento de arzobispos como Eugenio II, Ildefonso y Julián, entre otros.

Las fuentes escritas se refieren a la basílica como *"in praetorio toletano"* (concilio VI) o *"in suburbio toletano"* (concilio XVII).

La aparición de numerosas piezas visigodas en los alrededores del Cristo de la Vega confirmaría la proximidad a la iglesia martirial.

1. Credo epigráfico de Toledo: Manuel Jorge Aragoneses rescató a mediados de los años cincuenta varias piezas visigodas en una obra cerca del Cristo de la Vega. Ente ellas destacarían dos fragmentos de un Credo epigráfico visigodo. El primer fragmento presenta unas medidas de 26 cm de altura, 20 cm de anchura y 0,18 cm de grosor. Presenta un texto incompleto en siete líneas: ---]/ [---] PILATO CRU[---]/ [---] AD INFERN [---]/ [---] URREXIT U[---]/ [---] LOS SEDET AD [---]/ [---] IUDICARE [---]/ [---] CTU[---]/ [---] i [---]/ [---.

El segundo fragmento tiene unas medidas de 24 cm de altura, 22 cm de anchura y 19 cm de grosor. Presenta una orla de doble tira de ondas imbricadas que flanquean unas palmas con trifolia y venera gallonada. También presenta parte del texto: ---]/ [---] O [---]/ [---] IS RESURRE [---]/ [---.

Formarían parte de la decoración epigráfica de una iglesia, acaso la basílica martirial del siglo VII, obra de Sisebuto y san Eladio. Para Schlunk y Hauschild, el Credo no sería completo, pero Velázquez opina que sí lo estaría. Se conserva en el Museo de los Concilios de Toledo y su cronología sería el siglo VII.

Credo epigráfico de la Vega Baja de Toledo. Foto del autor.

2. Placa-Nicho de las proximidades del Cristo de la Vega.
También fue rescatada por Manuel Jorge Aragoneses, junto al
Credo epigráfico. Forman un conjunto incompleto de trece
fragmentos de una gran placa-nicho en arenisca gris. La parte
superior presenta una venera gallonada, con una roseta de
doce pétalos y botón central en la enjuta derecha, de la que
nacen dos hojas acorazonadas. Bajo ella dos columnillas de
columnas helicoidales con capiteles corintios esquemáticos y
basas enmarcan un círculo sogueado con un gran Crismón. De
la cruz patada cuelgan las letras alfa y omega, Principio y Fin.
Formaría parte de la basílica anteriormente citada. Se conserva
en el Museo de los Concilios de Toledo y su cronología sería el
siglo VII.

Placa-nicho de Vega Baja de Toledo. Tomado de *Regia Sedes Toletana*, 2007.

3. De las proximidades procede **un friso** cuyas medidas son 20 cm de altura, 49 cm de anchura y 42 cm de grosor. Está decorado con una cenefa de doble cinta curva y el lateral con roleos vegetales con trifolias. Presenta una inscripción: ---] QUI CREDIT IN EUM NON IUDICATIBUR [---, que corresponde al Evangelio de San Juan (3, 18). Se conserva en el Museo de los Concilios.

4. Friso con inscripción procedente de los alrededores del Cristo de la Vega. Presenta una decoración de cenefa de cintas curvas con botones y rosetas alternos. Presenta una inscripción: ---] TI DOMINI [---. Se conserva en el Museo de los Concilios.

5. Columna helicoidal aparecida en las obras del Cementerio de la Misericordia en 1845. Se conserva a la entrada de la basílica del Cristo de la Vega, en el exterior. Sus medidas son 119 cm de altura. Presenta el fuste acanalado.

6. Pilastra de caliza de las proximidades del Cristo de la Vega, partida en tres fragmentos. Sus medidas son 128 cm de altura, 58 cm de anchura y 30 cm de grosor. El fragmento superior presenta un capitel corintio, el intermedio racimos de vid y hojas entre líneas serpenteantes y el inferior bandas serpenteantes con hojas y racimos de vid. El tema de los racimos de uvas se relacionaría con la Eucaristía y la posible presencia de un edificio de uso litúrgico.

23. Pilastra del entorno del Cristo de la Vega. Foto del autor.

Además, Vega Baja ha proporcionado columnillas, capiteles, cimacios, impostas, pilastras y frisos, conservados en el Museo de los Concilios y de la Cultura Visigoda de Toledo o en el Museo Arqueológico Nacional.

IX
LA BASÍLICA PRETORIENSE DE LOS SANTOS APÓSTOLES PEDRO Y PABLO

La posible ubicación del pretorio toledano está sujeta a una polémica: unos autores defienden que estaba en la parte alta de la ciudad, entre el Alcázar y el Miradero y entre Zocodover y el puente de Alcántara, apoyados en la posible ubicación en ese lugar del pretorio romano y la certeza de la presencia de la alcazaba islámica en la etapa posterior, además de la reutilización en época islámica de materiales procedentes de *spolia* de la etapa visigoda para ser símbolos de poder. Otros autores, en cambio, prefieren situar el pretorio en la Vega Baja, en el *suburbium* creado al consolidarse la capitalidad, la *Urbs Regia*; en su favor tenemos datos de las fuentes literarias que hablan de la ubicación en el suburbio de las basílicas martirial de Santa Leocadia y pretoriense de los santos apóstoles Pedro y Pablo.

La posible ubicación del pretorio en la ciudad alta será difícil de confirmar por la presión del urbanismo posterior, que ha borrado gran parte de esa presencia, reducida a la reutilización de materiales en construcciones posteriores. Vega Baja, el *suburbium* visigodo, ha llegado hasta nosotros con evidentes huellas de *spolia*, pero, aun así, los georradares de 2008 y 2020 permiten conocer importantes cimentaciones de edificios que confirman la gran actividad edilicia de Toleto en la segunda mitad del siglo VI y la primera del siglo VII, conformando el desarrollo de la ciudad tras ser consolidada la capitalidad. Las excavaciones arqueológicas de finales del siglo XX y principios del siglo XXI también confirman esa realidad.

El proceso hacia la capitalidad, hacia la *Sedes Regia Toletana*, fue iniciado por el rey Teudis con la publicación en la ciudad de la

Ley de Costas Procesales, que se incorporó al código legislativo conocido como *Codex Theodosianus*. Más tarde, Atanagildo, vencedor de la guerra civil contra Agila gracias al apoyo militar bizantino, enviará a sus hijas a la Galia para casarse con príncipes francos. Leovigildo será el que consolide definitivamente el ascenso de Toledo, adoptando el ceremonial cortesano y los símbolos de poder del Imperio Romano de Oriente y asentando en la ciudad el *Aula Regia* o corte visigoda.

Algunos edificios estaban dotados de una fuerte carga simbólica, como el circo romano, ya abandonado en su función desde el siglo V y en fase de expolio, pero mantiene la idea de poder, paralelizada por el Gran Circo romano de la propia Constantinopla, modelo que los reyes visigodos tendrán como referente.

Leovigildo será el primer rey visigodo que asumirá los símbolos de poder imperiales, tanto en la propia vestimenta y símbolos de poder imperiales, como en su proclamación como Flavio, enlazando así con la fuerte tradición del mundo romano; incluso las monedas recogerán esa simbología política.

La capital del Imperio Romano de Oriente, Constantinopla, además de un gran circo todavía en funcionamiento, estaba dotada con un gran palacio imperial y una iglesia aúlica, la de los santos apóstoles Pedro y Pablo, que servía de panteón imperial, con sus sarcófagos realizados en pórfido rojo como símbolo de distinción. Leovigildo adoptará el ceremonial bizantino y reflejará su título de rey en las monedas, creando una basílica pretoriense también dedicada a los santos apóstoles Pedro y Pablo, dentro de la *imitatio imperii*.

Si la parte alta de la ciudad ha borrado gran parte de su pasado visigodo, no ocurre así con el suburbio de la Vega Baja, que mantiene trazas de sus edificios, con mansiones con diversas habitaciones en torno a un patio central, edificios de representación o panteón regio y suelos de cantos o guijarros. Este *suburbium* toledano es una oportunidad única para conocer cómo era una ciudad altomedieval, y más la capital de un reino de la importancia del visigodo, en el momento en el que comenzaba a formarse la idea de Europa. Muchos edificios han sido saqueados y expoliados en sus materiales nobles, pero las trazas del urbanismo con calles, edificaciones, basílicas, etcétera sigue presente en la Vega Baja toledana.

Algunos edificios presentan muros de 2,20 m de anchura, con mampostería trabada con cal y sillares en las esquinas.

Los edificios primitivos de este pretorio real mantienen la orientación de los edificios anteriores, como está presente en la Toletum romana del peñón, pero también del circo romano y de la villa de la Fábrica de Armas, con un sentido NE-SW, diferente de otras fases constructivas.

La excavación de 2001 en el denominado Vial-1, debido al proyecto de urbanización de toda la zona, permitió conocer los restos de un complejo real visigodo que utilizaba mampostería trabada con mortero de cal, un suelo de *opus signinum* de gran calidad, un *hypocaustum* rectangular que sería el *caldarium* de unas termas y las puertas de acceso al *praefurnium*; también debió tener una bañera o *alveus*. Otro de los edificios correspondería a un lugar sagrado y panteón, pero también edificio de representación de la primera mitad del siglo VII, con muros que presentan sillares engatillados y que por su potencia parecen indicar la existencia de techumbres abovedadas y más de una planta. Las paredes estarían revestidas de mármoles o estucos. Las tumbas existentes sufrieron un expolio posterior.

A finales del siglo VII o principios del VIII se produce un cambio en las estructuras y sus usos. Incluso algunos edificios del complejo quedan sin terminar.

En las excavaciones de principios del siglo XXI apareció un marfil, con unas medidas de 7,8 cm de altura, 13,6 cm de diámetro y 0,03 cm de grosor. Corresponde a una píxide cilíndrico con decoración en altorrelieve que presenta la escena evangélica de Jesús y la samaritana en el pozo de Sicar (desarrollada por San Juan, 4, 1-42). Jesús aparece vestido con túnica y toga, con una mano en el suelo y otra en la barbilla en actitud reflexiva; la samaritana viste túnica y lleva la cabeza velada, con una mano sujeta la cuerda del pozo y la otra la dirige hacia el cielo. El pozo está representado con todos sus detalles: sillares del brocal, arco, polea, cuerda y cubo. La pieza corresponde a los siglos VI-VII, serviría para llevar el Cuerpo de Cristo y sería un hostiario.

Marfil de Jesús y la samaritana en el pozo. Tomado de *Urbs Regia*.

Ya en época emiral se edificó un nuevo edificio sobre los restos de las termas visigodas.

La Vega Baja en las proximidades de la Fábrica de Armas también ha proporcionado numerosos materiales arquitectónicos visigodos, que pudieran relacionarse con el *suburbium* y con la basílica pretoriense:

Pilastra de piedra caliza, con unas medidas de 83 cm de altura, 38 cm de anchura y 40 cm de grosor. En el lado frontal presenta una decoración de un tallo con botones y hojas, así como con racimos de uvas; en la parte inferior presenta una moldura. En los laterales aparecen franjas de trifolias y una columnilla sogueada sobre una basa decorada con una cruz. La presencia de un tema de racimos podría implicar su interpretación religiosa vinculada a la Eucaristía.

Pilastra del entorno de la Fábrica de Armas. Foto del autor.

Inscripción funeraria de Sagenis. Foto del autor.

X
LA NECRÓPOLIS VISIGODA

Como había ocurrido durante la etapa romana, el cementerio se situaba a las afueras de la ciudad, junto a los caminos, pero si el cementerio romano altoimperial se ubicaba en los alrededores de la actual Avenida de la Reconquista, el bajo imperial se desarrolló en las proximidades de la basílica martirial de Santa Leocadia, continuando después en época visigoda.

La basílica martirial de Santa Leocadia fue utilizada como panteón real por varios reyes visigodos, pero también por los arzobispos toledanos. En el *suburbium* también se construyó el pretorio real y la basílica pretoriense de los santos apóstoles Pedro y Pablo.

En las proximidades de la basílica pretoriense se encontraron a finales del siglo XVIII, en 1761, varios epígrafes funerarios de épocas tardorromana y visigoda:

1) **Fragmento de lápida sepulcral de caliza**, partido en cuatro fragmentos, con unas medidas de 0,31 m de altura, 0,26 m de anchura y 0,06 m de grosor. Procede de la Vega Baja, de las proximidades de la ermita de San Pedro el Verde. Su texto presenta cuatro líneas: (cruz) SAGENIS FAMULU/S DEI VIXIT ANNOS L/ RECESSIT IN PACE II/ IDUS APRILES ERA DC/ (cruz). Su cronología corresponde a la Era Hispánica y su equivalencia sería el año 462 d. C. Se conserva en el Museo de los Concilios y de la Cultura visigoda.

2) **Fragmento de lápida de mármol blanco**, incompleta, conservándose cuatro trozos; sus medidas son 0,79 m de altura, 0,50 m de anchura y 0,02 m de grosor.

Presenta un campo epigráfico incompleto con nueve líneas: (Crismón)/ ASPIDIA FAMULA/ DEI VIXIT ANNOS/ PLU[s] MINUS

XXX/ RE [q]IEVIT I[n]/ PA[ce] PRID[ie kalendas]/ MAR[tias]/ ERA DV[IIII]/ INDEC[tione]. Fechada en año 518 de la Era Hispánica, correspondería al año 480 d. C.

Inscripción funeraria de Aspidia. Foto del autor.

3) Lápida sepulcral realizada en caliza, con unas medidas de 0,52 m de altura, 0,38 m de anchura y 0,06 m de grosor. Está completa, aunque algunas partes de su superficie están erosionadas. Presenta nueve líneas de texto: (cruz) IMMA FRITA/ (alfa-monograma-omega) IMAFRITA VIC/ SIT ANNOS PLUS MINUS/ XXXV REQUIEVIT IN PACE/ SUB DIE SEXTO ID(us) NO/ VEMBRI IN ERA DCXVII/ DATUM EST PRO LO/ CELLO IPSO IN AURO/ SOLEDOS III. Fechada en el año 617 de la Era Hispánica, su correspondencia sería el 579 d. C. Se conserva en el Museo de los Concilios y la Cultura visigoda.

En las excavaciones realizadas por Palol en los años setenta en el Cristo de la Vega se descubrió un fragmento de inscripción funeraria reutilizado en un muro. Realizada en granito, sus medidas son 0,10 m de altura, 0,20 m de anchura y 0,07 m de grosor. Conserva una línea muy incompleta y la última sólo recoge: ---]/ [---] AL O [---]/ ERA DCX (I)III. Fechada en la Era Hispánica, su correspondencia sería el 576 d. C. Velázquez lee en la primera línea (k)al(endas) o(ctubre).

Las excavaciones en Vega Baja permitieron localizar un pequeño fragmento de pizarra con inscripción, siendo uno de los escasos elementos aparecidos en el mundo urbano, junto a otro de Ávila. Uno de los laterales presentaría un posible texto jurídico en letra cursiva y una posible lista de nombres en el reverso.

De origen desconocido, el Museo conserva una posible inscripción funeraria dedicada a GERMANUS.

Entre 1918 y 1921 se excavaron dos tumbas visigodas en lucillo, con bóvedas de ladrillo de clara tradición romana, pero sin textos epigráficos.

BIBLIOGRAFÍA

ABASCAL, J. M. y ALFÖLDY, G.; (2015), *Inscripciones romanas de la provincia de Toledo (Siglos I-III)*, Real Academia de la Historia de Madrid, Madrid.

ALCOCER, P. DE; (1554), *Hystoria o descripción de la imperial ciudad de Toledo, con todas las cosas acontecidas en ella, desde su principio y fundación adonde se tocan y refieren muchas antigüedades agora ciertamente impressa*, Juan Ferrer impressor.

ALONSO AZCÁRATE, J. y DÍEZ HIERRO, A.; (2007), *Paseo geológico por los alrededores de Toledo*, Toledo, Diputación Provincial.

AMADOR DE LOS RÍOS, J.; (1845), *Toledo pintoresca o descripción de sus más célebres monumentos*, Imprenta y Librería Ignacio Boix, Madrid.

AMADOR DE LOS RÍOS, R.; (1905), *Monumentos arquitectónicos de España*, Toledo, Madrid, p. 340.

ARANDA ALONSO *et alii*; (1997), *El sistema hidráulico romano de abastecimiento a Toledo*, Toledo, Diputación Provincial.

ARAGONESES, M. J.; (1957) «El primer Credo epigráfico visigodo y otros restos coetáneos descubiertos en Toledo», en *Archivo Español de Arte*, nº 120, Madrid, pp. 295-323.

Idem; (1958), *Museo Arqueológico de Toledo. Guías de los Museos de España*, VIII, Madrid.

ARCE MARTÍNEZ, J.; (2001), «Los visigodos conservadores de la cultura clásica: el caso de Hispania», en *Visigodos y Omeyas: un debate entre la Antigüedad Tardía y la Alta Edad Media*, Mérida, abril, 1999), pp. 11-20.

ARENILLAS *et alii*:: (2009), *El abastecimiento de agua a Toledo en época romana*, Madrid, Confederación Hidrográfica del Tajo, Madrid.

ARRIBAS DOMÍNGUEZ, R.:(2006), «El espacio urbano anterior a la construcción de la mezquita del Cristo de la Luz: Evidencias arqueológicas, en *Mezquitas en Toledo, a la luz de los nuevos descubrimientos*, Monográficos del Consorcio de Toledo, 5, Toledo, 99-111.

AURRECOECHEA FERNÁNDEZ, J.; (1995-96), «Las guarniciones de cinturón y atalaje de tipología militar en la Hispania romana, a tenor de los bronces hallados en la Meseta sur», en *Estudios de Prehistoria y Arqueología Madrileñas*, 10, pp. 49-100.

ASSAS, M. DE.; (1848), *Álbum Artístico de Toledo*, Madrid, Editorial Doroteo Bachiller.

BALIL ILLANA, A.; (1961-62), «Mosaico con escenas portuarias hallado en Toledo», en *Homenaje al profesor Cayetano de Mergelina*, Valencia, pp. 123-137.

Idem; (1984), «Monumentos alejandrinos y paisajes egipcios en mosaicos de Toledo (España)», en *Alessandria e il mondo ellenistico-romano*, Studi in onore di Achille Adriani, Studi e Materiali, 6, Palermo, pp. 191-202.

Ídem; (1990), «Trophaeum Navalis. Observaciones sobre un mosaico de la Vega Baja de Toledo», en *Toledo y Carpetania en la Edad Antigua*, Colegio Universitario de Toledo, Toledo, pp. 191-202.

BALMASEDA MUNCHÁRAZ, L. J.; (2007), «En busca de las iglesias toledanas de época visigoda», en *Hispania Gothorum. San Ildefonso y el reino visigodo de Toledo* (enero-junio, Museo de Santa Cruz), pp. 197-214.

BARROSO CABRERA, R. y MORÍN DE PABLOS, J.; (2007), «La *Civitas Regia Toletana* en el contexto de la Hispania de la séptima centuria», en *Regia Sedes Toletana*, Madrid, pp. 95-161.

BARROSO CABRERA, R. *et alii*; (2019), «*Urbs, praetorium, suburbia*. Centros de poder en la *civitas regia toletana* y su territorio en época visigoda», en *ARPI*, n° 8, Alcalá de Henares, pp. 106-151.

Idem; (2019), «*Urbs, praetorium, suburbia*. Centros de poder en la civitas regia toledana y su territorio en época visigoda», en *Antigüedad y cristianismo: Monografías*, n° 35-36, pp. 391-444.

BÉCQUER, G. A.; (1857), *Historia de los templos de España: Toledo. San Juan de los Reyes*, Imprenta y Estereotipia Española de los Señores Nieto y Compañía, Madrid. Reedición con estudio introductorio de Guillermo Suazo, Ledoria, Toledo, 2023.

BERNAL CASADO, D. y BONIFAY, M.; (2010), «Importaciones y consumo alimenticio en las ciudades tardorromanas del Mediterráneo noroccidental (SS. VI-VIII D:C:): la aportación de las ánforas», en *Espacios urbanos en el occidente mediterráneo (ss. VI-VIII)*, pp. 45-64.

BLANCO, P. P. y ASSAS, M. DE; (1851), *El indicador toledano o guía del viajero en Toledo*, Madrid, Imprenta del Colegio Nacional de sordo-mudos.

BLÁZQUEZ MARTÍNEZ, J. Mª.; (1982), *Mosaicos romanos de la Real Academia de la Historia*, Ciudad Real, Toledo, Madrid y Cuenca.

Idem; (1990), «Arqueología romana en Toledo. Mosaicos», en *Toledo y Carpetania en la Edad Antigua*, Colegio Universitario de Toledo, Toledo, pp. 141-177.

Idem; (2012), «Toledo romana en la investigación actual», en Carrasco Serrano (coord.), pp. 57-85.

CABALLERO GARCÍA *et alii*: (2010), *El oro de los visigodos. Tesoros numismáticos de la Vega Baja de Toledo*, La Ergástula, Madrid.

CABALLERO KLINK, A.; (2017), «El Museo de los Concilios y de la Cultura Visigoda», en *Boletín del Museo Arqueológico Nacional*, Extra 35, pp. 982-991.

CÁCERES GUTIÉRREZ, Y. E. y JUAN ARES, J. DE; (2010), «El material óseo trabajado del yacimiento arqueológico de la Vega Baja (Toledo)», en *Espacios urbanos en el occidente mediterráneo (ss. VI-VIII)*, pp. 327-334.

CARRASCO SERRANO, G.; (1996-97), «Sobre el proceso de romanización del territorio provincial de Toledo», en *Actes Congrés d'Homenatge al Dr. P. de Palol, II, Annals de l'Institut d'Estudis Gironins*, XXXVII, Gerona, pp. 745-754.

CARROBLES SANTOS, J.; (1997), «La Prehistoria. Historia Antigua. Los orígenes de la ciudad», en *Historia de Toledo*, Azacanes, Toledo, 9-113.

Idem; (2001), *El teatro romano de Toledo. Una propuesta de identificación*, Diputación Provincial, Toledo.

Idem; (2007), «Toledo: 184-546. Los orígenes de la capital visigoda», en *Regia Sedes Toletana. La topografía de la ciudad de Toledo en la Antigüedad Tardía y Alta Edad Media*, Diputación Provincial de Toledo, Toledo, pp. 43-92.

Idem; (2009), *Prehistoria de Toledo. El origen de la ciudad*, *Toledo*.

CARROBLES SANTOS, J. y RODRÍGUEZ, S.; (1988), *Memoria de excavaciones de urgencia del solar del nuevo Mercado de Abastos (Polígono Industrial, Toledo)*, Toledo, Diputación Provincial.

CARROBLES SANTOS *et alii*; (1992), «Nuevas inscripciones romanas en la provincia de Toledo I», en *Hispania Antiqua*, 16, Universidad de Valladolid, Valladolid, pp. 239-272.

Idem; (2007), «Topografía Toletana», en *Regia Sedes Toletana. La topografía de la ciudad de Toledo en la Antigüedad Tardía y Alta Edad Media*, Diputación Provincial de Toledo, Toledo, pp. 15-21.

CASTAÑOS Y MONTIJANO, M.; (1865), *Catálogo razonado por orden numérico de las pinturas, esculturas y objetos arqueológicos que, a cargo de la indicada Comisión, existen en el Museo de esta provincia*, Toledo.

CASTAÑOS Y MONTIJANO *et alii*; (1928), «Excavaciones en Toledo. Memoria de los trabajos efectuados en el Circo romano», en *Memorias de la Junta Superior de Excavaciones y Antigüedades*, 96, Madrid.

CASTRO PRIEGO, M.; (2011), «La circulación monetaria de los siglos VII-VIII en la Península Ibérica: un modelo en crisis», pp. 225-242.

Idem; (2020), «La conformación de la Toledo Altomedieval: una aproximación a partir de la Vega Baja», en *Exemplum et Spolia: La reutilización arquitectónica en la transformación del paisaje urbano en las ciudades históricas*, Mateos y Morán Eds., vol 1, pp. 417-430.

CEBALLOS HORNERO, A.; (2004), «Los espectáculos en la Hispania romana: La documentación epigráfica I-II», en *Cuadernos Emeritenses*, 26, Mérida.

CERRILLO MARTÍN DE CÁCERES, E.; (1974), «Los relieves de época visigoda decorados con grandes Crismones», en *Zephyrus*, XXV, Universidad de Salamanca, Salamanca, pp. 439-455.

CORTES HERNÁNDEZ, S. y OCAÑA RODRÍGUEZ, E.; (2007), «Candelabro visigodo», en *Hispania Gothorum, San Ildefonso y el reino visigodo de Toledo*, Toledo, pp. 555.

CORTES *et alii*; (1984), «Nuevas inscripciones romanas del Museo de Santa Cruz de Toledo», en *Revista Museos*, n° 3, Dirección General de Bellas Artes y Arqueología, Madrid, pp. 73-85.

FERNÁNDEZ DEL CERRO, J. y BARRIO ALDEA, C.; (2002), «Topografía del Toletum prerromano», en *Bolskan*, 19, pp. 359-368.

FERNÁNDEZ GALIANO *et alii*; (1989), *Arqueología*, Madrid, Junta de Comunidades de Castilla-La Mancha.

FERNÁNDEZ LÓPEZ, V.; (1917), «Notable descubrimiento», en *Toledo. Revista de Arte*, Toledo, pp. 1-2.

FERNÁNDEZ MIRANDA *et alii*; (1990), «Indigenismo y romanización en la cuenca media del Tajo. Planteamiento de un programa de trabajo y primeros resultados», en *Actas del I Congreso de Arqueología de la Provincia de Toledo*, Toledo, Diputación Provincial, pp. 13-66.

FITA, F.: (1887), «Noticias», en *Cuaderno V del Boletín de la Real Academia de la Historia*, 10, Madrid, pp. 344-345.

Idem; (1890), «Noticias», en *Cuaderno III del Boletín de la Real Academia de la Historia*, 16, Madrid, pp. 319-320.

FRANCO MATA, A.; (1982), «Un Crismón ravenático en Toledo», en *Boletín de la RABACHT,* Toledo, pp. 289-298.

FUIDIO RODRÍGUEZ, F.; (1934), *Carpetania Romana*, Madrid, Editorial Reus.

GARCÍA LERGA *et alii*; (2007), «Aportación de la numismática al conocimiento de las fases de ocupación de la Vega Baja de Toledo», en *ARSE*, 41, pp. 115-138.

GARCÍA MORENO, L. A.; (1990), «Los orígenes de la Carpetania visigoda», en *Toledo y Carpetania en la Edad Antigua*, Toledo, Imprenta Torres, pp. 229-249.

GARCÍA SÁNCHEZ DE PEDRO, J.; (1996), «Paseo de la Basílica, 92», en *Toledo, arqueología en la ciudad*, Servicio de Publicaciones de la Junta de Comunidades de Castilla La Mancha, Toledo, pp. 143-157.

Idem; (2005), «La necrópolis tardorromana del Paseo de la Basílica», en *Arqueología Romana en Toletum: 1985-2004*, Monográficos del Consorcio n° 1, Toledo, pp. 191-199.

GARCÍA SÁNCHEZ DE PEDRO, J. y GÓMEZ GARCÍA DE MARINA, F. M.; (2005), «Nuevas inscripciones funerarias en Toletum», en *Arqueología Romana en Toletum: 1985-2004*, Monográficos del Consorcio, n° 1, Toledo, pp. 207-212.

GIMENO PASCUAL, H.; (2008), «Paisajes epigráficos en el espacio romano de la comunidad de Castilla-La Mancha, en G. Carrasco (ed.), *La romanización en el territorio de Castilla-La Mancha*, Cuenca, pp. 261-338.

GÓMEZ LAGUNA, A. *et alii*; (2022), «La arquitectura eclesiástica de la *Regia Sedes* visigoda de *Toletum*. Problemática arqueológica a la luz de las investigaciones más recientes», en *Iglesias tardoantiguas en el centro peninsular (siglos V-VIII)*, Madrid, La Ergástula, pp. 167-216.

GONZÁLEZ BLANCO, A.;(1990), «La cristianización en Carpetania», en *Toledo y Carpetania en la Edad Antigua*, Toledo, Imprenta Torres, pp. 203-228.

GONZÁLEZ-CONDE, Mª. P.; (1987), *Romanidad e indigenismo en Carpetania*, Alicante.

GONZÁLEZ SIMANCAS, M.; (1929), *Toledo. Sus Monumentos y el Arte Ornamental*, Oficina Tipográfica Regina, Madrid, reimpresión Maxtor, Valladolid, 2005.

GORGES, J. F.; (1986), «A propos d'une representation de ville sur un mosaïque de Tolède (Espagne)», en *Conimbriga*, XXV, Coimbra, pp. 175-192.

GURT I ESPARRAGUERA, J. M. y SÁNCHEZ RAMOS, I.; (2011), «Topografía funeraria de las ciudades hispanas en los siglos IV al VII», en *Madrider Mitteilungen*, 52, pp. 457-513.

GURT I ESPARRAGUERA, J. M. y DIARTE BLASCO, P.; (2012), «La Basílica de Santa Leocadia y el final del Circo Romano de Toledo», en *Zephyrus*, 69, Universidad de Salamanca, Salamanca, pp. 149-163.

HEp 1; (1989), Universidad Complutense de Madrid, Madrid.

HEp. 2: (1990), Universidad Complutense de Madrid, Madrid.

HÜBNER; (1900), *Inscriptiones Christianae Hispaniae, Supplementum*, p. III.

HURTADO AGUÑA, J.; (2001), «La institución del sevirato en la Meseta Central», en *H. Ant.* 25, pp. 171-182.

IZQUIERDO BENITO, R.; (2024), *Toledo en la Edad Media. La génesis de un mito*, Toledo.

JUAN ARES *et alii*; (2009), «La cultura material de Vega Baja», en *La Vega Baja de Toledo, Toletum Visigodo*, pp. 115-147.

KONRADSHEIM, G. C. VON; (1980), «Exploration geóphysique des soubassaments de la Cathédrale de Tolède», en *Annales d'Histoire de l'Art et de l'Archéologhie*, 2, pp. 95-97.

LÓPEZ AMADOR, J. J. y PÉREZ FERNÁNDEZ, E.; (2013), «La bahía de Cádiz y el mosaico portuario de la Vega Baja de Toledo: Una hipótesis de identificación», en *El puerto gaditano de Balbo. El Puerto de Santa María*, Ed. El Boletín, Apéndice 2, Cádiz, pp. 205-211.

LOZANO, C.; (1734), *Los Reyes Nuevos de Toledo, descrívense las cosas más augustas, y notables desta Ciudad Imperial*, Antonio Marín, Madrid.

MADOZ, P.; (1849), *Diccionario geográfico-estadístico-histórico de España y sus posesiones de Ultramar*, tomo XIV, Toledo, Imprenta del Diccionario geográfico-estadístico-histórico de Pascual Madoz, Madrid.

MANGAS MANJARRÉS, J.; (2012), «Ciudades romanas en el ámbito de la provincia de Toledo», en Carrasco Serrano (Coord.), pp. 201-224.

MANGAS, J. y ALVAR, J.; (1990), «La municipalización de Carpetania», en *Toledo y Carpetania en la Antigüedad Tardía*, Colegio Universitario de Toledo, Toledo, pp. 81-96.

MANGAS, J. y CARROBLES, J.; (1998), «Ciudades del área de la provincia de Toledo en época republicana», en *Italia e Hispania en la crisis de la República Romana*, Madrid, pp. 243-253.

MARINA, J.; (1882), *Guía de Toledo*, Imprenta, Librería y Encuadernación de Menor Hermanos, Toledo (reimpresión Librerías París-Valencia, 1995).

MAQUEDANO CARRASCO, B. y BARRIO ALDEA, C.; (1996), «Paseo de la Rosa, 64», en *Toledo, arqueología en la ciudad*, Junta de Comunidades de Castilla-La Mancha, Toledo, pp. 243-247.

MARINA, J.; (1892), *Nueva Guía de Toledo*, Toledo, Imprenta, Librería y Encuadernación de Menor Hermanos, Toledo (reedición Librerías París-Valencia, Valencia, 1995).

MAROTO GARRIDO, M.; (1991), *Fuentes documentales para el estudio de la arqueología en la provincia de Toledo*, Toledo, Diputación Provincial de Toledo.

MARROQUÍN MORALES, J.L.; (2020), *La medicina militar en la Antigüedad y su presencia en los ejércitos romanos de Hispania en época altoimperial*, TFM Universitat Oberta de Catalunya.

MARTÍN GAMERO, A.; (1862), *Historia de la ciudad de Toledo*, Imprenta y Librería de Severiano López Fando, Toledo (reimpresión 1979, Zocodover, Toledo).

MÉLIDA, J. R.; (1889), «El Circo Romano de Toledo», en *Revista Toledo*, año I, nº VII, Toledo, pp. 1299-1301.

Idem; (1923), «Un mosaico descubierto en Toledo», en *Boletín de la Real Academia de la Historia*, LXXXIII, Madrid, pp. 19-23.

MORALEDA Y ESTEBAN, J.; (1898), *Santa Leocadia, Virgen y Mártir. Memoria histórico-arqueológica Ilustrada*, Toledo, Imprenta de Lara.

Idem; (1918), «Sepulcro visigodo», en *Toledo. Revista Ilustrada de Arte*, 15 de marzo de 1918, nº 93, pp. 54-55.

Idem; (1923), «Necrópolis toledanas», en revista *El Practicante Toledano*, nº 28, Toledo.

MORÍN DE PABLOS, J. y SÁNCHEZ RAMOS, I.; (2016), *Guía para descubrir el Toledo visigodo*, Madrid.

NEIRA JIMÉNEZ, Mª. L.; (1997), «Sobre la representación de ciudades marítimas en mosaicos romanos», en *Espacio, Tiempo y Forma*, Serie II, Historia Antigua, 10, UNED, Madrid, pp. 219-251.

NOGALES, T. y ACUÑA, P.; (2013), «Estatua romana togada del *fórum* de Toletum», en F. Acuña *et alii* (eds.), *Escultura romana en Hispania, VII, Homenaje al Profesor Dr. Alberto Balil Illana*, Santiago de Compostela, pp. 221-240.

OLMO ENCISO, L.; (2009), «La Vega Baja en época visigoda: una investigación arqueológica en construcción», en *La Vega Baja de Toledo*, Ed. Toletum Visigodo, Toledo, pp. 69-89.

Idem; (2010),»"Ciudad y estado en la época visigoda: Toledo, la construcción de un nuevo paisaje urbano», en *Espacios urbanos en el occidente mediterráneo (ss. VI-VIII)*, pp. 87-112.

ORTÍN ARRANZ, M. D.; (2010), «La conservación del yacimiento arqueológico de Vega Baja», en García *et alii* (Coords), *Espacios urbanos en el occidente mediterráneo (ss. VI-VIII), Toletum visigodo*, 305-308.

PALAZUELOS, VIZCONDE DE; (1890), *Toledo. Guía artístico-práctica*, Imprenta, Librería y Encuadernación Menor Hermanos, Toledo.

PALOL I SALELLAS, P.; (1972), «Una tumba romana de Toledo y los frenos de caballo hispanorromanos del Bajo Imperio», en *Pyrenae*, VIII, pp. 133-146.

Idem; (1991), «Resultado de las excavaciones junto al Cristo de la Vega, supuesta basílica conciliar de Santa Leocadia de Toledo. Algunas notas de topografía religiosa de la ciudad», en *Actas del XIV Centenario del III Concilio de Toledo (589-1989)*, Toledo, pp. 787-832.

PANZRAM, S.; (2010), «Mérida contra Toledo, Eulalia contra Leocadia...», en *Espacios urbanos en el Mediterráneo (ss. VI-VIII), Toletum Visigodo*, pp. 123-130.

PARRO, S. R.; (1857, reimpresión en 1978), *Toledo en la mano* (2 vols), Toledo.

PEÑA CERVANTES *et alii*; (2009), «Aportaciones al conocimiento de la Vega Baja de Toledo. Estudio preliminar de la excavación de la parcela R-3», en *Espacio, Tiempo y Forma*, Serie I, Nueva Época, Prehistoria y Arqueología 2, pp. 157-175.

Idem; (2018), «Materiales cerámicos de época visigoda en la meseta central de la Península Ibérica. Presentación del contexto cerámico de la Vega Baja de Toledo», en *Cerámicas Altomedievales en Hispania y su entorno (ss. V-VIII d. C.)*, 471-488.

Idem; (2021), «Crisoles para la elaboración de vidrio de época visigoda localizados en la Vega Baja de Toledo. Nuevas consideraciones para el debate sobre las llamadas cerámicas vidriadas espesas preemirales», en Coll Conesa y Salinas (Eds.), *Tecnología de los vidriados en el occidente mediterráneo*, Valencia, pp. 17-29.

PÉREZ BAYER, F.; (1752), *De Toletano Hebraeorum Templo. Ad illustriss. Dom. Et Rever. Patrem Franciscum de Rávago, S. Iesuy catholico Regia confessionibus*, ms. 128 de la Biblioteca Pública de Toledo (Biblioteca Regional de Castilla-La Mancha).

PÉREZ GALDÓS, B.; (1925), *Toledo, su historia y su leyenda*, Editorial Renacimiento, Madrid (reimpresión Pareja Editor, 2000).

PISA, F. de; (1605, reimpresión en 1976) *Apuntamientos para la segunda parte de la historia de Toledo*, Toledo.

PLÁCIDO *et alii*; (1992), «Toletum», en *Dialoghi di Archeologia*, 10, 1-2, pp. 263-274.

PLIEGO VÁZQUEZ, R.; (2012), «La Moneda visigoda: anexo I», en *SPAL Revista de prehistoria y arqueología de la Universidad de Sevilla*, nº 21, pp. 209-232.

Idem; (2012), «Aportación a la moneda visigoda», en *Revista Numismática OMNI*, nº 4, pp. 66-68.

PORRES MARTÍN-CLETO, J.; (1971), *Historia de las calles de Toledo* (2 vols), Diputación Provincial, Toledo.

Idem; (1989), *Planos de Toledo*, Diputación Provincial de Toledo.

PUERTAS TRICAS, R.; (1975), *Iglesias hispánicas (siglos IV al VIII). Testimonios literarios*, Madrid, Industrias Gráficas.

RABANAL ALONSO, M. A. y BRAGADO TORANZO, J. M.; (1990), «Fuentes antiguas sobre Carpetania», en *Toledo y Carpetania en la Edad Antigua*, Colegio Universitario de Toledo, Toledo, pp. 19-37.

REVUELTA TUBINO, M.: «El Museo de los Concilios y de la Cultura Visigoda», en *Bellas Artes*, nº 17, pp. 26-29.

Idem; (1979), *Museo de los Concilios y de la Cultura Visigoda,* Ministerio de Educación y Ciencia, Madrid.

REY PASTOR, A.; (1932), *El Circo romano de Toledo,* Toledo.

RIPOLL LÓPEZ, G. y DARDER LISSÓN, M.; (1994), «*Frena Equorum*: guarniciones de frenos de caballos en la antigüedad tardía hispánica», en *Espacio, Tiempo y Forma,* Serie I, Prehistoria y arqueología, nº 7, pp. 277-356.

RODRÍGUEZ MIGUEL, L.: (1880), *Guía del viajero en Toledo con la descripción histórico-artística de sus monumentos,* Imprenta del Asilo de Toledo, Toledo (reimpresión Librerías París-Valencia, 1997).

RODRÍGUEZ PEINADO. A.; (2017-2018), *La circulación monetaria en el reino visigodo de Toledo,* TFM Universidad Complutense, Madrid.

ROJAS, P. DE; (1654), *Historia de la Imperial, Nobilíssima, ínclita, esclarecida ciudad de Toledo, Cabeza de su felicíssimo Reyno,* Diego de la Carrera Impressor del Reyno, Madrid.

ROJAS RODRÍGUEZ-MALO, J. M. y VILLA GONZÁLEZ, R.; (1996), «Consejería de Obras Públicas», en *Toledo, arqueología en la ciudad,* Junta de Comunidades de Castilla-La Mancha, Toledo, 225-237.

Idem: (1996), «Paseo de la Rosa, 76 (La piscina romana de Cabrahigos)», en *Toledo, Arqueología en la ciudad,* Junta de Comunidades de Castilla-La Mancha, Toledo, pp. 67-81.

Idem; (2009), *Intervención arqueológica en la Unidad de Actuación 45. Nudo Norte (Glorieta Carretera de Ávila-Peraleda). Edificios romanos, visigodos y una nueva necrópolis islámica de la ciudad.*

Idem; (2009), «Intervención arqueológica en la Vega Baja de Toledo. Características del centro político y religioso del reino visigodo», en Caballero Zoreda *et alii* (coords), *El siglo VII frente al siglo VII. Arquitectura. Visigodos y Omeyas,* Mérida, pp. 45-90.

RUBIO RIVERA, R.; (2005), «Toledo romano: balance y nuevas perspectivas en la investigación», en *Arqueología Romana en*

Toletum: 1985-2004, Monografías del Consorcio de Toledo, Toledo, pp. 135-142.

Idem; (2008), «Continuidad y cambio en el proceso de romanización en el ámbito celtibérico meridional y carpetano», en *Iberia e Italia: modelos romanos de interpretación territorial*, Murcia, pp. 127-142.

Idem; (2018), «El agua *intramoenia* en el Toledo romano: cuestiones sobre abastecimiento, distribución y saneamiento», en *El agua en Toledo y su entorno: épocas romana y medieval*, pp. 71-82.

RUBIO RIVERA *et alii*; (2011), «La villa romana de la Fábrica de Armas (Toledo)», en *La Vega Baja. Investigación, documentación y hallazgos*, Cuenca, pp. 57-83.

RUIZ TABOADA, A.; (2022), «La excavación en la mezquita de las Tornerías (Toledo): estratigrafía y dataciones», en *Espacio, Tiempo y Forma*, Serie I Prehistoria y Arqueología, Madrid, UNED, pp. 91-118.

Idem; (2022), «Arqueología en entornos urbanos: el proyecto Tornerías (Toledo)», en *Actualidad de la Investigación en España*, Madrid, pp. 399-412.

Idem; (2023), «Nueva hipótesis sobre la localización del teatro de Toledo: apuntes sobre gestión de las arquitecturas fosilizadas en núcleos urbanos», en *Patrimonio Cultural y Derecho*, 27, pp. 299-311.

Idem; (2024), «El teatro romano de Toletum. Datos para su identificación en un contexto urbano contemporáneo», en *Anas*, 37, pp. 169-182.

RUÍZ TABOADA, A. y AZCÁRRAGA CÁMARA, S.; (2016), «Nuevos datos sobre el diseño urbano de Toletum: las cloacas de la Bajada del Barco», en *Gerión*, 34, pp. 249-287.

SAINZ PASCUAL, Mª. J.; (1996), «Toledo romano», en *Arquitecturas de Toledo*, vol I, Toledo, pp. 43-58.

SALAZAR Y MENDOZA, P.; (1605), *Chrónico del cardenal Don Juan Tavera*, Pedro Rodríguez impressor, Toledo.

SAN ROMÁN, Francisco de; (1927), *Toledo*, Toledo.

SAN ROMÁN *et alii*; (1930), *Excavaciones en Toledo. Memoria de los trabajos efectuados en el circo romano. Memorias de la Junta Superior de Excavaciones y Antigüedades*, nº 109, Madrid.

SAN ROMÁN, Francisco de Borja; (1934), «El segundo mosaico romano de la Vega Baja de Toledo», en *Anuario del Cuerpo Facultativo de Archiveros, Bibliotecarios y Arqueólogos*, II, Madrid, pp. 339-347.

SÁNCHEZ-PALENCIA, F. J.; (1989), «El marfil de Hipólito del circo romano de Toledo», en *Homenaje al Profesor Antonio Blanco Freijeiro*, Universidad Complutense de Madrid, Madrid, pp. 102-112.

SÁNCHEZ-PALENCIA, F. J. y SAINZ PASCUAL, Mª J.; (1988), *El Circo romano de Toledo: estratigrafía y arquitectura*, Consejería de Educación y Cultura, Museo de Santa Cruz, Estudios y Monografías, nº 4. Toledo.

Idem; (2001), «El circo romano de Toletum», en *El circo en Hispania romana*, Madrid, pp. 97-116.

SÁNCHEZ-PALENCIA *et alii*; (1988), «Estratigrafía y arquitectura del Circo romano de Toledo», en *Actas del I Congreso de Historia de Castilla-La Mancha*, t. IV, Ciudad Real, 1985, Ciudad Real, pp. 225-236.

Idem; (1990), «El Circo romano de Toledo», en *Actas del Primer Congreso de Arqueología de la Provincia de Toledo*, Toledo, Diputación Provincial, pp. 351-369.

Idem; (1996), «El Circo romano», en *Arqueología de la ciudad*; Servicio de Publicaciones de la Junta de Comunidades de Castilla-La Mancha, Toledo, pp. 25-27.

SCHLUNK, H.; (1964), «Byzantinische Bauplastik aus Spanien», en *Madrider Mitteilungen*, 5, pp. 243.

SCHLUNK, H. y HAUSCHILD, Th; (1978), *Hispania Antiqua. Die Denkmäller der frühchristiehen und westgotischen Zeit*, Mainz am Rheim.

SOTOMAYOR MURO, M.; (1971), «Testimonios arqueológicos paleocristianos en Toledo. Los sarcófagos», en *Anales Toledanos*, 3, Toledo, pp. 255-276.

STORCH DE GRACIA Y ASENSIO, J. J.; (1985), «Las hornacinas y placas-nicho en el arte visigodo de Toledo», en *Boletín de la Asociación Española de Amigos de la Arqueología*, nº 22, diciembre 1985-junio 1986, Madrid, pp. 56-62.

Idem; (1990), «Las iglesias visigodas de Toledo», en *Actas del I Congreso de Arqueología de la Provincia de Toledo*, Toledo, Diputación Provincial, pp. 563-570.

TEJA, R. y ACERBI, S.; (2010), «El palacio visigodo y el circo romano de Toledo: Hipótesis de localización», en *Reti Medievali Rivista*, XI, 2010/2 (iuglio-dicembre), pp. 81-86.

TSIOLIS, V.; (2005), «Materiales cerámicos y contexto arqueológico en la Puerta del Sol», en *Arqueología Romana en Toletum: 1985-2004*, Monografías del Consorcio de Toledo, nº 1, Toledo, pp. 83-85.

Idem; (2008), «Del cristianismo al paganismo. Espacios cristianos reales e imaginarios en el Toletum tardoantiguo y su entorno», en *Sacra Loca Toletana. Los espacios sagrados en la ciudad de Toledo*, Cuenca, pp. 115-133.

VALERO TÉVAR *et alii*; (2011), «Iglesias y ermitas del entorno de la Vega Baja: Santa Leocadia, San Ildefonso y San Pedro el Verde, aproximación a su estudio documental», en *Vega Baja, Toletum Visigodo*, Cuenca, pp. 121-142.

Idem; (2011), «Catálogo de materiales arqueológicos localizados en el yacimiento de Vega Baja», en *Vega Baja, Toletum Visigodo*, Cuenca, pp. 205-255.

Idem; (2011), «Intervenciones arqueológicas en la Vega Baja de Toledo: historia de un yacimiento», en *Vega Baja. Investigación, documentación y hallazgos*, Cuenca, pp. 12-31.

VELÁZQUEZ SERRANO, I; (2005), «Toletum: *urbs regia* y sede metropolitana en la Hispania visigoda. Folio 142r del *Codex Vigilianuus* o *Albeldensis*», en *La pizarra. Los últimos hispanorromanos en la Meseta*, pp. 217-218.

VELÁZQUEZ, I. y RIPOLL, G.; (2000), «*Toletum*, la construcción de una nueva *urbs regia*», en *Sedes Regiae (ann. 400-800)*, Barcelona, Reial Acadèmia de Bones Lletres, pp. 521-598.

VICO MONTEOLIVA *et alii*; (2006), *Corpus nummurorum visigothorum: Ca 575-714*, Leovigildus-Achila.

VIVES J.; (1942), *Inscripciones cristianas en la España romana y visigoda*, Barcelona.

VV.AA.; (1987), *Arqueología en Castilla-La Mancha*, Toledo, Junta de Comunidades de Castilla La Mancha.

VV.AA. (2011), *Vega Baja. Investigación, documentación y hallazgos*, Cuenca.

ZAMORANO HERRERA, I.; (1974), «Caracteres del arte visigodo en Toledo», en *Anales Toledanos*, X, Madrid, pp. 3-149.

ZOZAYA STABEL-HANSEN, J.; (2007), «La transición del mundo visigodo a la época islámica», en *Hispania Gothorum, San Ildefonso y el reino visigodo de Toledo*, Toledo, pp. 115-128.

ÍNDICE

Ledoria, dessaforado amor por la palabra